JN307515

慈　悲

中村　元

講談社学術文庫

はしがき

苦難多きこの世にあって人々が明るく楽しく生きてゆくためには、他人に対する暖かな思いやりと心からの同情心をもたなければならない。貧しい生活でも暖かな共感のただよっているところは、心ゆたかであり、楽しい。この心情を仏教では「慈悲」として説いている。この観念はかつては神道や一般文芸にもとり入れられ、日本人の心性に大きな影響を与えたものであった。それは単に過去のものではなくて、未来の人類の生活のために指標としての意味をもつであろう。

われわれは現実の精神生活のうちに生きてはたらいている観念をただ漠然と意識しているだけにすぎないが、それを明瞭な概念的自覚のもとにもたらすということは、哲学の重要な課題である。古来日本人の間で伝統的に実践的指標としての意味をもっていた「慈悲」の観念を問題とし反省することは、単に過去の思想を詠嘆的に回顧することではなくて、宗教及び倫理の基本問題につき入ることであり、そうしてこの暗黒の混濁した世の中に明るくこころよく生きてゆくために、われわれの為すべき基本的なしごとの一つであると考えられる。

この問題を全面的に大がかりに解明するということは、容易ならぬ仕事であり、浅学なる著者のなかなか能くなし得るところではない。ただ筆者はかねがねこの問題に思いをひそめているので、従前の粗雑な考察を一まずまとめて小稿を一九四九年に発表したことがある。ところでこの度平楽寺書店からサーラ叢書が刊行されることになり、塚本善隆・三品彰英・雲井昭善三教授並びに井上四郎氏からしきりにおすすめを受けたので、「慈悲」の問題について考察し直して、全面的に書き換えてこの書が成立したのである。立論の根拠としての資料も集めればまだ幾らでも集まるであろうし、哲学的にももっと問題を掘り下げたかったが、これ以上時間を割き得ないので、いまはいちおうの考察を了えたところで、ひとまずまとめてみた。今後江湖の示教を仰いでさらに研究を進めたい。この問題を考えておられる方々の何らかの参考となればと願っている。

川田熊太郎教授、金倉円照教授から御教示頂いたことは本書をまとめるのに非常に有意義であった。雲井氏には大変お手数をかけた。その他、本書刊行のためにお骨折り頂き、また御教示下さった方々の御好意に感謝する。

一九五五年十二月一日

著　者しるす

目次

凡例

一、インドの典籍は、原典から翻訳した。

一、インドのことばを漢字で音写することは、能う限りこれを廃止して、カタカナに改めた。

一、インドの原文が無くて漢訳だけしかないものは、漢文の書き下しによったが、従来のしかたを若干改めて、日本文としても読み易いようにした。その際には例えばジュリアンのシナ古典語文章法などによることにした。

一、『』による引用は原文の直訳であり、「」による引用は取意訳である。

一、禅師、上人などの称をつけた場合とつけない場合とあるが、つけた場合はその名称が普通名詞ではなくて固有名詞であることをはっきりさせるためである。

慈悲

第一章　問題の意義

一　われわれにはたらいている慈悲

　慈悲は仏教の実践の面における中心の徳である。『慈悲は仏道の根本なり。』[1] 慈悲は仏そのものであるとさえもいわれる。[2] 日本でも、慈悲は仏教そのものであり、仏は慈悲によってわれわれ凡夫を救うものであると考えられている。[3][4] 仏教徒の間においてのみならず、仏教外のインドの宗教家、例えば、ラーマクリシュナ・ミッションの人々でさえも、慈悲の観念は仏教に特徴的なものであると考えている。[5]「慈悲」という語、或いはそれの否定形としての「無慈悲」という語は、現代のわれわれ日本人の間にもなお生きてはたらいていることばである。この観念は、いかなる意義内容を有するものであろうか。

　現在の日本における慈悲の観念については、一般に次のように説かれている。「いまの日本人の間で『愛』の観念は生きているが、しかし『慈悲』の観念はもはや死んでしまっている」と。なるほど、これも一面の真理であろう。明治維新以後に神道は仏教と絶縁したために、もはや「慈悲」ということばを用いることなく、またその精神をも失ってしまった。また西洋思想の移入とともに、多くの仏教的な観念は駆逐されてしまったことも事実である。しかしながら他面から考えると、仏教者のうちには依然として慈悲を説く人もある。[6] 社会運動に従事している左翼の理論家でも、政府または反対党の態度を攻撃する場合には、「かれらは民衆に対して無慈悲だ」と論難する。これらの点では必ずしも死滅してはいないのである。

（1）『大智度論』第二七巻（大正蔵、二五巻二五六頁下）。『二辺を除くを中道を説くとなす。仏は慈を首となす。』（『大荘厳論経』第一〇巻、大正蔵、四巻三一三頁下）。なお『如来教門、大慈為ㇾ本』（『正法眼蔵』四禅比丘）などともいう。

（2）かかる趣意の立言をほぼ歴史的に列挙してみよう。
『仏は一切の漏を滅し、無比の大慈悲あり。』（『阿育王経』第一巻、大正蔵、五〇巻一三四頁下）Aśokāvadāna の相当文には mahākāruṇikasya prahīnasarvāsrava-bandhanasya Buddhasya とある。

釈尊が出家して真理を沈思する修行につとめたのは『生類に対する慈心』(dayā prajāsu) によるのであり (Buddhacarita XIII, 59)、かれは『あわれみを本性としている』という (karuṇātmaka, ibid. XIV, 4; karuṇātmatā, ib, XIV, 9)。

アシヴァゴーシャの他の書 Saundarananda においても、釈尊は『最高のあわれみある人』

(paramākāruṇika III, 15; XVIII, 61)、『あわれみたもう大悲者』(mahākāruṇikaḥ, karuṇāyamānaḥ V, 21)、『一切の生類に憐愍をたれたもう如来』(tathāgatena sarveṣu bhūteṣv anukampakena, V, 33)、『慈心ある大仙』(maitramanā maharṣiḥ, V, 34)、『仁愛あるあわれむ人』(hitaiṣiṇā kāruṇikena, V, 50, hitaiṣiny anukampake XVIII, 48)、『同情する人』(anukampaka, XIII, 8; XVII, 73)、『憐れみ深き師』(kāruṇikasya śāstur, XVII, 65)、『慈を乳房とする人』(maitristani, XVIII, 11)、などと呼ばれている。

『象師、王に答えて言わく、転た他より聞く、唯だ仏世尊のみ世界の大師にして大慈心あり、一切衆生は悉く皆な子のごとし。身は真金のごとく、大人の相もてみずから荘厳す。自然智ありて、欲の生起と欲を滅するの因縁を知る。無礙の心あり、一切を悲愍す。』(『大荘厳論経』第九巻、大正蔵、四巻三〇七頁中)

『慈は即ち如来なり。慈は即ち大乗なり。大乗は即ち慈なり。慈は即ち如来なり。善男子よ。慈は即ち菩提道なり。菩提道は即ち如来なり。如来は即ち慈なり。』(南本『大般涅槃経』第一四巻、大正蔵、一二巻六九八頁下)

(3)　『人の心を起させんとて、仏のし給ふ方便は、慈悲をも隠して、かやうにこそはあなれ、と思ひつづけつつ、行ひをのみし給ふ』(『源氏物語』蜻蛉)

『仏法の大意は大慈大悲と伝へ聞く。』(近松門左衛門『用明天皇職人鑑』)

(4)　日本でも法衣のことを「慈悲の衣」という。次の文の「慈悲の粧ひ」は僧侶或いは教団そのものを指している。

『あはれなるかな、放逸の利剣、慈悲の粧ひを侵す事を』(『盛衰記』第三四巻、明雲八条宮人人討たる事)

　護良親王の上奏文のうちには、次のようにしるされている。

『武家把レ権、朝廷棄レ政年尚矣。臣苟不レ忍レ看レ之。一解二慈悲忍辱之法衣一忽被二怨敵降伏之堅甲一』(『太

平記』第一二巻、兵部卿親王流刑の事）
『争ひ申は僧には不有、柔和忍辱の袈裟をかけて、大慈悲の心に住し、力杖をたくはへざるは此意なり。』（『鉄眼禅師仮字法語』岩波文庫本七〇頁「森の法難に関する口上書」）

（5） "this (= religious freedom), along with the synthetic teachings of the Bhagavad-gita and the great love and compassion of the Buddha, has made the average Indians fine specimens of gentleness and courtesy". (Swami Ranganathananda: the Ramakrishna Mission, its Ideals and Activities, Mylapore 1951)

（6） 明治時代の特異な念仏行者として有名であり民衆とともにあった宗教家、山崎弁栄《べんねい》聖者《しょうじゃ》の遺稿集第三輯は『御慈悲のたより』という題名である。そのほか赤松一男氏『慈悲之父母』（明治四二年）、石塚龍学師『慈悲之宗教』（大正二年）、小泉了諦師『慈悲深き救いの父母』（昭和六年）などがある。

二　価値転換の基準としての慈悲

のみならず、この慈悲の徳はいまの世界では非常に重要な意味をもっていると思われる。なるほど過去の仏教史においては、この徳がつねに最高のものと考えられていたわけではない。或る場合には他の多くの美徳と並ぶ一つの徳にすぎないと考えられていたこともあった。[1] ところが今日では特に重要な意味をもっている。何故か。今日では世界が一つのものにまとまりつつあるので、宗教教義の相対性ということが強く自覚されるに至ったからである。各宗教はそれぞれ自己の教義の絶対性・完全性を主張して譲らない。そうして他の宗教を攻撃している。その当事者は真剣であろう。しかしそれを客観的通観的な視点から見るならば、どの宗教も他と対立している点では相対的であるという運命を免れない。かりに仏教内部についてみても、お念仏を唱える人はどこまでも浄土教義を主張し、またお題目を唱える人は日蓮宗の教義を固執するであろう。それぞれの当人にとっては他と代え難い絶対的な立場なのであるが、第三者である多くの人々にとっては、どちらが正当でどちらが誤っていると判定することは極めて困難である。

そこでいまの世の中では「宗派的」ということは偏執的と同義語のように解せられ、「宗教的」ということばさえも嫌われる。「宗教」と不合理なドグマとは不可分離だと考えられているからである。そうして一般世人にとっては、宗派の区別はどうでもよいことだと思われているし、宗教もどれでもよいという考えの人々が次第に多くなって来ている。無宗教を誇る人々も少くない。

しからば宗教的なものがすべて排斥されるかというと、決してそうではない。浄土教徒であろうと、日蓮宗徒であろうと、キリスト教徒でも、天理教徒でも、心が清らかで性格が誠実であり、行いに偽りのない人はみな尊敬され、愛せられる。これに反して、品行の悪い坊さんや、闇ドルで儲ける宣教師などがもしいたならば、嫌われ、排斥される。その際にいかに聖典や聖書の文句を引いて来て、弁解してみても、社会的通念がこれを許さない。

今日人々がいずれかの宗教を選ぶ場合には、教理や教義によるのではなくて、それを奉じている人々の人格や生活に顧みる場合が多い。もはや聖典の権威は世間でさほど通用しないが、心情・行いの純粋・誠実なることの権威は高く君臨している。それは根源的なものであり、聖典の権威はそれにもとづいて成立した第二次的・派生的なものにすぎない。こういう事情は何も今に始まったことではなくて、原始仏教の興起したときも同じであったし、他の国々で新らしい宗教が興起したときには事情は大体同じであったであろう。

ところで派生的・習俗的な権威ではなくて、根源的な権威の底にはたらいているもの、それは純粋の愛の精神であり、仏教のことばで言えば慈悲である。

この大きな価値の転換が、例えば最も保守的であるといわれるビルマ[2]（現ミャンマー）においてもティッティラ僧正（ラングーン大学教授）によって明言されている。同長老は諸宗教の間に教義の相違があるということを述べたあとで、

『相違はあることはあるけれども、一見したときに見えるほどの相違は存在しな

い。何となれば老い死ぬという偉大な法則と、愛のより偉大な法則は万人によって認められているからである。』

『重要なことは、宗教における単なる信仰・儀礼・儀式ではなくて、宗教の道徳的・精神的諸原理にもとづく同情と愛情と理性と正義の生活である。真の宗教は心情の教育であり、心情と心の実践である。』

という。

従来宗教といえば、信仰や教義が中心であると考えられた。ところがここでは同情・愛情が中心とされている。最も保守的な立場の人にしてなおこの立言をなす。たとい意識されていなくても、これは大きな転換である。われわれはここに潜む重大な問題の意義を追求したいのである。

こういう思想的転換は必らずしも最近になって現れたものではなくて、西洋では少くとも比較宗教学の成立と同時に現れたと考えられる。マックス・ミュラーはいう、[3]——かつては、一つの宗教の真の信徒であるということは、他の宗教をすべて虚偽であると考えることであると解せられていた。こういう偏見は何もキリスト教にだけ特有なのではなくて、自分たちだけをアーリヤ人と称し他の民族を夷狄（mleccha）と見なしたインド人にも、自分らだけを選民と考えたユダヤ人にも、他の宗教信徒を

kafir と見なした回教徒にも共通に見られることであった。『しかし今日では、世界のすべての偉大な宗教、すなわち人間が神についてまた神に向って語ってみたあらゆる方言、が完全に平等に扱われている。』しからば、宗教の真理はどこにあるか？　慈善（charity）ということは、あらゆる宗教において説かれている。『真理の証しがあらゆる時、あらゆる場所において人間の心のうちに存在した。すなわち最高の聖者や最低の未開人の心のうちにも存在したのであるならば、しからば、あらゆる宗教において慈善の義務が一般に認められているということは、われわれ自身の信仰を確かならしめるのに役立つ。』これは西洋人としては驚ろくべき立言である。論理的につきつめていうと、ここではキリスト教がキリストの権威によって真理とされるのではなくて、仏教など他宗教と共通な慈善の精神の故に真理とされているのである。そうしてこの考えかたは、いまの西洋人の間では特に顕著であるように思われる[4]。

　ところでこの問題は近代になって始めて論議されるに至ったことではない。実は古代インドにおいてすでに思想家がいだいていた疑問であった。仏教は仏の説であるが故に尊いのであるか、或いは慈悲の教えであるが故に尊いのであるか。仏教詩人マートリチェータ（Mātṛceta）は仏に向って呼びかける。——

『輪廻の苦患を知りつくしたおんみをそこに長い間とどまらしめた大悲と、おんみとでは、いずれを先にわれわれは拝すべきであろうか。[5]』現代の問題は実は古代の問題であった。最も新らしくしてしかも古くから存するこの問題をわれわれは追求したい。

(1) 例えば『大般涅槃経』では、如来が世に出興する理由を十挙げているが、その第三に『無量の慈悲をもって衆生を救護す』という。ここでは十の中の第三にすぎない（大正蔵、九巻六一二頁下）。

(2) 一九五五年二月、ラングーンで催されたConference on Cultural Freedom in Asiaにおける Venerable U. Thittila Mahathera: The Spiritual Basis of Asian Culture という発表による。

(3) F. Max Müller: Buddhist Charity (Collected Works of the Right Hon. F. Max Müller V, Chips from a German Workshop, I. Recent Essays and Addresses. London 1898, pp.427-455, especially, pp.429-432.)

(4) 例えば、love is the core of religion というようなことがよく説かれる。

(5) Kaṃ nu prathamato vande tvāṃ Mahākaruṇām uta |
yasyaivam api doṣajñas tvaṃ saṃsāre dhṛtaś ciram || ——Śatapañcāśatka-stotra 59.

三　仏教に特徴的なものとしての意義

慈悲心を強調するという点で、仏教は正統バラモンの諸哲学体系とはっきり対立している。インドで最も有力な学派であるヴェーダーンタ哲学についてみるに、ガウダパーダに帰せられるマーンドゥーキヤ頌はあれだけ仏教思想の影響を受けているにも拘らず、利他行は説かれていない。シャンカラ派[1]では修行者のたもつべき精神的態度がいろいろ説かれ、寂静・制御・休止・忍耐・精神統一・信仰が一群の徳とされていて、それはニンバールカ派[2]などにも継承されているけれども、慈悲の徳は説かれていない。かれらはけっきょく独善的個人的な修行者であることをめざしていたのである。

ところで仏教が他のどの宗教よりも慈悲をはっきりと説いているということは、どうして知られるのであろうか。仏教が慈悲の宗教であると説かれるのと同様に、他の諸宗教も愛を説いている。現にジャイナ教でも、その教えは「あわれみの教法」であることを標榜している[3]。すなわち世の思想家はお互いに他を譏っているが、ジャイナ教はそれとは無関係に不害（ahiṃsā）の教えを説くというのである[4]。バラモンなる宮廷僧もシッダールタ太子に対して『法（dharma）とは一切の生きとし生ける者に対するあわれみ（dayā）である[5]』と説いたという。仏教の説く慈悲が他の諸宗教や諸思想体系の説く愛よりも以上にすぐれたものであるということを明示しなければ、慈悲の宗教として仏教が特にすぐれているということは、言い得ない。

この点の判定に関しては、われわれは仏教者の言を引くのは好ましくない。何となれば、身びいきな議論が述べられている恐れがあるからである。われわれはむしろ第三者としての西洋の思想家の評言に耳を傾けてみよう。

神に対する畏れや宗教的権威を無視して自己の強い意志を貫徹するということが近代的思惟の一つの特徴であるということができるであろうが、それを強く主張した思想家としてわれわれはニーチェを考えることができる。だから近代的思惟を批判する者はまずニーチェを批判しなければならない。バートランド・ラッセルは、ニーチェに対するちょうど対蹠的な思想家としてゴータマ・ブッダをとり上げて、この二人の思想家の対話の形式で、かれの著『西洋哲学史』の中においてニーチェ批判を展開している。その内容は、近代的思惟の批判のためにも、また仏教の理解批判のためにも、甚だ貴重な示唆を含んでいる。まずかれの述べている両思想家の対話なるものを訳出しよう。

『政治的問題に対立する倫理的な中心問題は、同情（sympathy）に関することである。他人の苦悩によって不幸とされるという意味の同情は、ある程度まで人間に生来存するものである。幼い子供は、他の子供が泣くのを聞くと悩まされる。しかしこの感情の発展は、民族の異るにしたがって非常に異っている。或る人々は拷問を加えることに快を貪る。他の人々は、ブッダ（仏陀）のように、いかなる生けるものでも苦しんでいる限りは自分らは完全に幸福とはなり得ないと感じる。多くの人々は感情的に人類を友と敵とに区分し、友に対しては同情を感じるが、敵に対してはそれを感じない。キリスト教や仏教のような倫理学はその情緒的な基礎を普遍的な同情のうちにもっている。ところがニーチェの倫理学はそれを同情の完全な欠如のうちにもっている。そこで問題はこうなる。——もしもブッダとニーチェとが対決せしめられることになると、そのいずれが、公平な聴衆に訴え得る議論を提出し得るであろうか？　わたくしは政治的な議論を考えているのではない。ヨブ記第一章におけるように、万能なる神の前に両人が現われて、神がいかなる世界を創造すべきかについて助言を与えるのを想像できるであろう。いずれが何を言うであろうか？

ブッダが議論を説き起して語るのは、次の人々についてであろう。——カーストから除外された人々、哀れな人々、手足がうずき乏しい栄養で辛ろうじて生きている人々、戦争で傷つき、徐々に苦悶しながら死にゆく人々、残酷な管理者に虐待されている孤児たち、最も成功を収めても失敗して死にはしないかと思ってびくびくしている人々、これらの一切の苦の重荷から救いの道が見出されねばならぬが、救いは愛によってのみ得られる、とかれは言うであろう。

神のみが制止し得るであろうと思われるニーチェは、かれの番が来ると、がなり立てるであろう。「おや、人間よ、もっときつい性質にならねばならぬ。つまらぬ人間が苦しんでいるからとて、どうしてしくしく泣くのだい。或いは偉い人々が苦しんでいるからと言うのかい？　つまらぬ人間はつまらぬことで苦しみ、偉い人間は偉いことで苦しむのさ。そうして偉い苦しみを悔むことはないさ。かれらは高貴なのだから。君の理想は純粋に消極的なもので、苦悩の欠如なのだ。それは非存在によって完全に得られる。おれは反対に積極的な理想をもっている。おれはアルキビアデースや皇帝フレデリック二世やナポレオンを崇拝するものだ。そのような人々のために苦悩も甲斐のあるものだ。主なる神よ、最大の創造的芸術家なるあなたに訴える、芸術家としてのあなたの衝動がこの哀れな病人の頽れた恐れにおののいた駄弁に引きずられないようになさいよ。」

ところがブッダは、天界の宮殿にあって、かれの死後に起った歴史全体を知り、科学を習得して、その知識を喜び、しかし人間が行った科学使用法を悲しみながら、冷静な上品な態度で答える。「プロフェッサー・ニーチェよ、わたくしの理想を純粋に消極的なものだと思うのは、まちがっていますよ。なるほど、それは消極的な要素すなわち苦の消滅ということを含んでいます。しかしその上に、あなたの教えの中に見出されるのと全く同じだけ積極的なものをもっているのです。わたくしは何もアルキビアデースやナポレオンを特に崇敬するものではありませんが、わたくしだってわたくしなりの英雄をもっています。わたくしの後継者イエス。だって、かれは人々に敵を愛せよ、ということを説いたからです。自然力を支配し、少い労働で食物を確保する方法を発見した人々。病気を減少する方法を示してくれた医学者。神聖なる至福を瞥見するを得しめた詩人、芸術家、音楽家たち。――これらがわたくしの英雄です。かれらこそいままでに生存した最大偉人の生命を充実してくれる人々です。」

ニーチェは答える。「やっぱりあなたの世界はつまらないですなあ。あなたはヘーラクレイトスを勉強なさいよ。かれの著作は天国の図書館に完全に保存されているのですよ。あなたの愛は苦痛によって引き出される同情にすぎない。あなたの真理は、正直にいうなら、不愉快なものです。苦痛を通してのみ知られるものだからです。そうして美に関しては、獰猛であるが故に光輝ある虎よりも以上に美しいものがあるでしょうか。いや、もしも主があなたの描く世界に味方して決定を下すなら、われわれはすべて退屈して死にはしないかと恐れていますよ。」

ブッダは答える。「あなたは死ぬかもしれませんね。あなたは苦痛を愛するのだから。そうしてあなたは生を愛するのはごまかしです。しかし真に生を愛する人々だったら幸福でしょう。現在の世の中では、誰も幸福ではないのですから。」

わたくしとしては、思い浮べたようなブッダと一致する。ただし、数学や科学の問題について用いられるような何らかの論証によってブッダの言が正しいということをいかに証明すべきか、わたくしには解らない。わたくしはニーチェが嫌いだ。かれは苦痛を思いつづけるのが好きだから。……かれが最も崇敬する人々は、人間を死なせることに巧みなことを光栄とする征服者たちであるから。しかし、わたくしの考えるところでは、不愉快だが内的に首尾一貫している倫理に対するようにかれの哲学に対する究極の反対論証は、事実に訴えることではなくして、情緒に訴えることのうちに存する。ニーチェは普遍的な愛を軽蔑する。わたくしは世界に関して望ましいすべてのことに向わせる動機はその普遍的な愛だと思う。かれの信奉者たちは今まで時めいていた。しかしそれは急速に終りに近づいていると考えてよいだろう。(6)』

ラッセルは、愛の精神を説いたという点でゴータマ・ブッダとキリストには一貫する共通のものがあると確信し、これはニーチェと正反対だと説いている。このこと自体はよく知れ亙っている事実であるから、ことさら述べ立てる必要はないが、ただ権力の崇拝者に対する正反対のものとしてゴータマ・ブッダをもち出した事実は重要であると思う。

またマックス・ミュラーも『仏教と慈愛（charity）とは同義語である』と主張している。[7] また最近アメリカで刊行された若干の仏教概説は、仏教を同情の宗教として把捉し叙述している。[8] 西洋近代文明の絶望的な破壊的性格から逃れ出ようとつとめている西洋の若干の哲学者たちが注目しているのは、やはり仏教の慈悲のもつあたたかい未来的性格である。

われわれはここに、慈悲の観念を仏教に特徴的なものとして問題とすべき理由を見出すのである。

ところで良く考えてみると、この慈悲の観念は、仏教以外のインドの他の諸宗教とも共通であるのみならず、また他の国々の諸宗教とも共通の特徴が少くない。これらとの連関を明らかにしなければ、仏教の慈悲の特徴も出て来ない。仏教の外のものを知らないと、実は仏教をも知っていないことになる恐れがある。したがってこういう点をも見失わないことにしよう。

（1） Śaṅkara ad Brahmasūtra I, 1, 1. ĀnSS. vol. I, pp.23-24. Vedāntasāra 14 f.

（2） Vedānta-pārijāta-saurabha of Nimbārka and Vedānta-kaustubha of Śrīnivāsa, tr. by Roma Bose, vol. I. Calcutta 1940, p.19.

（3）Utarajjhayana V, 30.

（4）Sūyagaḍaṃga II, 6, 11-14.

（5）Buddhacarita IX, 17. cf. dayāsamaṃ nāsti puṇyam. (Devībhāgavata. Radhakrishnan: The Principal Upanishads, p.111.)

（6）Bertrand Russell: History of Western Philosophy, pp.771-773.

（7）F. Max Müller: op. cit. p.452.

（8）Buddhism. A Religion of Infinite Compassion. Edited by Clarence H. Hamilton. New York 1952. や The Teachings of the Compassionate Buddha. Edited, with commentary, by E. A. Burtt. New York 1955. がそれである。

第二章　慈悲の語義

およそ宗教的実践の基底には、他の人々に対するあたたかい共感の心情があらねばならない。仏教では、この心情をその純粋なかたちにおいては慈悲として把捉するのである。

慈悲とは「いつくしみ」「あわれみ」の意味であると普通に理解されている[1]。ときには「他人に対する思いやり」「気がね」の意味に用いられることさえもある[2]。たしかにいちおうはそのとおりに解して差支えないが、われわれはさらに語源にまで遡って考えてみたいと思う。

「慈」と「悲」とはもとは別の語である。「慈」[3]とはパーリ語の mettā、サンスクリット語の maitrī（または maitra）[4]という語の訳である。この原語は語源的には「友」「親しきもの」を意味する mitra という語からの派生語であって、真実の友情、純粋の親愛の念、を意味するものであり[5]、インド一般にその意味に解せられている[6]。これに対して「悲」とはパーリ語及びサンスクリット語の karuṇā の訳であるが、イ

ンド一般の文献においては「哀憐」「同情」「やさしさ」「あわれみ」「なさけ」を意味するものである。(7)

しからば、慈と悲とどうちがうか、ということが問題となる。南方アジアの上座部仏教においては、「慈」(mettā) とは『(同朋に) 利益と安楽とをもたらそうと望むこと』(hitasukhupanayana-kāmatā) であり、悲 (karuṇā) とは『(同朋から) 不利益と苦とを除去しようと欲すること』(ahitadukkha-panaya-kāmatā) であると註解している。(8)

このような解釈は、また大乗仏教にも継承されている。例えば、ナーガールジュナはいう、『慈とは、衆生を愛念することに名づけ、常に安隠と楽事とを求めて、(それを) 以てこれ (＝衆生) を饒益す。悲とは、衆生を愍念することに名づけ、五道の中の種々の身の苦と心の苦とを受くるなり。(9)』『大慈とは一切の衆生に楽を与え、大悲とは一切の衆生のために苦を抜く。大慈は喜楽の因縁を衆生に与え、大悲は離苦の因縁を衆生に与う。(10)』

かかる解釈はその他の諸経論にもあらわれている。例えば、ヴァスバンドゥは、『慈とは同じく喜楽の因果を与うるが故なり。悲とは同じく憂苦の因果を抜くが故なり。(11)』という。

ただしその後の大乗経典にはこれと正反対の解釈のあらわれていることもある。例えば、大乗の『大パリニルヴァーナ経（大般涅槃経）』では仏の大慈を慈と区別して、『諸の衆生のために無利益を除くこと、これを大慈と名づく。（また）衆生に無量の利楽を与えんと欲すること、これを大悲と名づく。(12)』という。この解釈を受けて、シナの曇鸞も『苦を抜くを慈と曰い、楽を与うるを悲という。ここに依るが故に一切衆生の苦を抜き、悲に依るが故に無安衆生心を遠離せり。(13)』という。

また大乗の論書のうちには、右と多少連関があるが、しかし異った解釈も述べられている。『生きとし生けるものが専ら苦のあつまりを身に受けていることを縁起の道理によって観じつつあるときには、悲《あわれみ》が起り、また、これらの生きとし生けるものはすべて、この専らなる苦のあつまりから、われによって解脱さるべきである、と観じつつあるときには、慈が起る。(14)』すなわち生存者が苦しんでいるのに同情するときが「悲」であり、苦を抜いてやろうと決心するときが「慈」なのである。

しかしこれらは仏教乃至《ないし》インド宗教一般としては、例外的な解釈であろう。後代においては、『慈しみとは楽を与えるものである。』(sukhāvāhā maitrī) というのが諸宗教一般に認められている解釈であった。(15) シナ及び日本の仏教諸派は専らナーガールジュナの解釈に従っているようである。(16)

なお日蓮は天台の解釈を受けて、「慈」を父の愛に、「悲」を母の愛に比している。子どもが病気のときに、灸をすえれば療るということが解っていても、母は子に苦痛を与えるのをおそれて灸を加えようとしない。しかし父は、たとい一時的な苦痛を与えても、病を療すために灸を加える。慈は折伏《しゃくぶく》に比せられる。したがって、かれは慈のほうをより高きもの、勝義のものと解していたのであろう[17]。

慈と悲というこの二つのことばは、意義がいちじるしく類似している。そうしてこの両観念は、心情としては同じものに起因しているから、実際には殆んど区別されない。だから maitrī 或いは karuṇā という単独の語が、「慈悲」と訳されることもしばしば起る。ときには漢訳者が「慈悲」という語を補って訳した場合も少くない[18]。したがってシナですでに「慈」と「悲」とを深く区別しないで合成語として結びつけて考えることが行われていたのである[19]。そうしてこの伝承をうけて古来日本人の一般的通念としては、「慈悲」の両字で一つのまとまった観念を表示しているのである。

なお「慈善」ということばは、「慈悲心にもとづいて善を行う」という意味で用いられているようである[20]。「慈愛」「愛」等の語については、のちに「慈悲」と「愛」との関係を論ずる章において詳しく論ずることとしよう。

内容的実質的に慈悲に対応するものとして「あわれみ」(kṛpā[21], dayā[22]) の観念がある。これはもともと仏教外で説かれていたものであるが、[23]仏教のうちにとり入れられた。また他人の苦しみを抜き、他人に楽を与えようとするのは、心理的には「共に悩み」「同情」(anukampā)[24]することである。これは西洋においてそれを意味する語と語源的にも対応している(sympathy, compassion, Mitleid)。

(1)『大言海』には「いつくしみ」「あはれみ」「なさけ」という解釈が挙げられている。花山信勝博士は「慈」「慈心」「悲心」「慈悲」を「いつくしみ」と訳し、悲を「あはれみ」と訳していられる(『往生要集』岩波文庫本三一、一〇八、一四六、一六〇、三九一頁)。浄土真宗では古来「慈光」を「あはれみかなしむ光」「あはれむ光。慈は父の慈悲に喩ふるなり。」などと註解している(『真宗聖教全書』第五冊三及び四頁)。

(2)酒乱の人が前後をわきまえず酔いつぶれていることについて、兼好法師は、『人をして斯る目を見する事、慈悲も無く、礼儀にも背けり。』という(『徒然草』第一七五段)。

(3)「慈」が「いつくしむ」「なさけをかける」という意味では、すでに『礼記』や『左伝』のうちにその用例が存する。

(4) Bodhisattvabhūmi pp.9, *l*.4; 107, *l*.5 に相当する玄奘訳では maitracittatā を「慈悲」と訳し、同上 p.107, *l*.17 に相当する玄奘訳では maitra-citta を「慈心」と訳している。

(5)オルデンベルヒは、maitrī という語は、ミトラ(Mitra)という神の名から出たものであると解釈している。かれによると、この神は、インド人とイラン人とがイランの土地でまだ一つの民族を形成していたときに、すでに崇拝されていた。そうしてこの神は、のちにはローマの世界帝国においては、キリスト教の神と競争者となって覇を争い、世界及び未来を支配する力があると考えられた。しかしその起源を尋ねると、むかしは、万物を観照する太陽の観念にもとづいて、人間の間の誠実と信仰とを監視する神であった。約束を破る人はミトラ神を欺く人であって、この神の怒りを蒙る。そこでミトラは「友」を意味する語となり、この語によっては特に誠実の義務（Treupflicht）が考えられた（H. Oldenberg: Aus dem alten Indien, S. 3-4）。

ただし上座部の学者は mettā を mid という語根（to love, to be fat）から導き出している。“mejjatī ti metta. siniyhatī ti attho.”（Atthasālinī p.192）

ブッダゴーサはやはりこの解釈を挙げた直後に、「友」という語から導き出した別の解釈をも示している。mitte vā bhavā, mittassa vā esa pavattī ti pi mettā（Visuddhimagga, p.318）

（6）maitro mitrabhāvo maitrī mitratayā vā vartata iti maitraḥ.（Śaṅkara ad Bhagavadgītā, XII, 13）詩人バルトリハリも『友情は愛情の無いことから消滅する』（vinaśyati maitrī cāpraṇayāt, Nītiśloka, v, 23, p.10, ed. by D.D. Kosambi）という。また maitrā という語もあるが、それは maitrā bhāvanā の意味であるらしい（Saundarananda VIII, 1; XVI, 59, 63）。

（7）荻原雲来博士『梵和大辞典』によると、karuṇa という語は、形容詞として「悲しき」「哀れなる」または「憐れむ」「慈悲深き」という意味であり、漢訳仏典においては「悲、可悲、甚可悲、悲念、慈悲、愍哀、悲心」などと訳され、その名詞的用法の場合には karuṇā と同義である。karuṇā という語は一般のサンスクリット文献においては「哀憐」「同情」という意味である。例えば karuṇa eva ca karuṇā kṛpā duḥkhiteṣu dayā tadvān karuṇaḥ sarvabhūtābhayapradaḥ, saṃnyāsity arthaḥ.（Śaṅkara ad Bh G. XII, 13）、漢訳仏典においては「悲」「大悲」「悲心」「大悲心」「悲愍」「慈悲」「大慈大悲」「慈愍」「（深心）悲愍」「哀」「哀愍」「矜」などと訳されている。Samādhirājā p.3 の相当漢訳では mahākaruṇābhiyukta を「大悲相応」と訳している。さらにそのほかに、わたくしの気づいたところでは、例えば、Bodhisattvabhūmi p.17, *l*.6 の相当漢訳（玄奘訳）では karuṇā を「悲愍」と訳し、

p.90, *l*.17 の相当漢訳では karuṇāvihāra を「大悲住」と訳している。また kāruṇya という語は、インドの詩歌または舞踊において慈愍の情を表示する型であるが、それをも仏教徒は「慈悲」と訳している（榊亮三郎博士『翻訳名義大集』五〇四二）。一般にシナの仏教徒は karuṇā という一語だけでも、これを「慈悲」と訳している（荻原博士『梵漢辞典』CCXX. 7. なお『楞伽経索引』によると宋訳）。『法華経』にある『大慈大悲、常無懈倦、恒求善事』（譬喩品）という文の原文は "mahākāruṇiko parikhinna-mānaso hitaisy anukampakaḥ"（荻原・土田両氏出版本七三頁）とあり、『以大慈悲如法化世』（安楽行品）の原文は "dharmeṇa śāsām' imu sarvalokaṃ hitānukampī karuṇāyamānaḥ"（二四九頁）とある。羅什は十八不共仏法のうちの「大慈」を「大慈悲」と訳していることがある（『大智度論』第二七巻、大正蔵、二五巻二五六頁中）。cf. karuṇāyate (Bodhis. p.369, *l*.14.)

ともかく karuṇā を多くは「悲」と訳しているわけであるが、「悲」という字は動詞として「あわれむ」という意味に用いられることもあるらしい『既自達㆓妙境㆒即起㆑誓悲㆑他』（『摩訶止観』五上、大正蔵、四六巻五二一頁中）。また「慈悲」という二字も、ときには動詞的な意味に用いられることもあるようである。例えば『慈悲於一切、不生懈怠心』（『法華経』安楽行品、サンスクリット原文不明）。また karuṇa は形容詞としては「あわれな」という意味で用いられる。karuṇam vacas（あわれなことば、MBh. XII, 145, 18）、副詞としては karuṇam（あわれにも）の意になる（MBh. XII, 148, 10）。

なおときには maitra と kṛpaṇa とがそれぞれ「慈」及び「悲」と訳されることもある。『観音経』に『悲観及慈観』とあるが、原文には maitralocana...kṛpanalocana... とあり（荻原・土田両氏出版本三七一頁）、またそのつづきの『慈意』は maitra-manas,『悲』は kṛpa に当るらしい（ただし法華経に関しては他の recension との対比を必要とする）。

（8）Sn. A. 128 on Sn. 73. 他の解釈によると、karuṇā とは『他人が苦しんでいるときに善人が心をおののかせること』(paradukkhe sati sādhūnaṃ karuṇā) であるという。また別の解釈として kināti vā paradukkhaṃ, hiṃsati vināsetī ti karuṇā. kiriyatī vā dukkhitesu pharaṇā vasena pasāriyatī ti karuṇā ともいう。『他人の苦しみに堪えざる心性のもの』(paradukkhāsahanarasā) であるという解釈もある (Visuddhimagga p.318)。

(9) 『大智度論』第二〇巻（大正蔵、二五巻二〇八頁下）。ここで慈悲を詳説している。なおこの解釈は、日本にも採用されているらしい。

(10) 『大智度論』第二七巻（大正蔵、二五巻二五六頁中）。ここで大慈大悲を詳説している。

(11) 『十地経論』第二巻（大正蔵、二六巻一三四頁上）。

(12) 『大般涅槃経』（北本）、第一五巻（大正蔵、一二巻四五四頁上）。

(13) 『往生論註』下（大正蔵、四〇巻八四二頁中）。

(14) Bodhisattvabhūmi, p.329, *l*.11 f.

(15) 『問答宝鬘』一四。

(16) 天台宗でも華厳宗でも同様にいう、『能く他のものに楽の心を与うること、これを名づけて慈となす。……能く他のものより苦の心を抜くこと、これを名づけて悲となす。』（『法界次第初門』巻上之下、大正蔵、四六巻六七二頁中）。『華厳経探玄記』（第一〇巻）でも、慈は「与楽」、悲は「抜苦」であるとして詳論している（大正蔵、三五巻三〇一頁下以下）。日本でも、例えば、『与楽を慈と云ひ、抜苦を悲と云ふ。』（円乗院宣明『教行信証講義』仏教大系本三〇五五頁、香月院深励『教行信証講義』仏教大系本三〇五九頁）という。なお慈悲について『他の苦を抜きて楽を与へんと欲する』（宝雲述『往生論註筆記』下、真宗全書第一〇巻八四頁）『抜苦与楽の心なり』（同上、上、五四頁）などという。

なお以上とはやや異った解釈としては『惻愴を悲と称し、愛憐を慈といふ』（惻愴称悲、愛憐曰慈。『大乗義章』第一四巻、大正蔵、四四巻七四三頁上）（ただし同書第一一巻（六八九頁中―下）では慈は『与楽之意』であると解している）。

なお『大乗義章』の定義と関係があるのかもしれない用法としては、例えば、『袈裟を見聞せんところに、厭悪《えんお》の念おこらんには、当堕悪道のわがみなるべしと、悲心を生ずべきなり。』(『正法眼蔵』伝衣)。

(17) 『天台大師会して云《ク》如来《ハ》以《テノ》ㇾ悲《ヲ》故《ニ》発遣《シ》喜根《ハ》以《テノ》ㇾ慈《ヲ》故《ニ》強説《ス》。文の心は仏は悲の故に後のたのしみをば閣《さしお》いて当時法華経を謗じて地獄に堕ちて苦にあふべきを悲み給ひて座を起たしめ給ひき。譬へば母の子に病ありと知れども当時の苦を悲んで、左右なく灸を加へざるが如し。喜根菩薩は慈の故に当時の苦をば顧みず、後の楽を思ふて強ひてこれを説き聞かしむ。譬へば父は慈の故に子に病あるを見て当時の苦を顧みず、後を思ふが故に灸を加ふるが如し。』(『唱法華題目鈔』) 日蓮は「慈父悲母」という表現をも用いる(例えば『開目鈔』)。

(18) 鈴木大拙博士編『楞伽経索引』によると、「慈」の原語としては maitrī,「慈悲」の原語としては karuṇā, kṛpā,「慈愍」の原語として maitrī, ghṛṇa が挙げられている。karuṇā という一語が「慈悲」と訳される実例については、すでに註(7)のうちに挙げておいた。maitrī が慈悲と訳されている例としては、なお次のものを附加してもよいであろう。

『又諸仏子、専心仏道、常行慈悲、自知作仏』(『法華経』薬草喩品)

ye cābhiyuktāḥ sugatasya putra maitrīṃ niṣevant' iha śāntacaryām. (p.121)

『唯願演説法、以大慈悲力、度苦悩衆生』(化城喩品)

maitrībalam ca deśehi sattvāṃs tarehi duḥkhitān. (p.150)

『願以大慈悲、広開甘露門、転無上法輪』(化城喩品)

darśehi maitrībala pūrvasevitam apāvṛṇohī amṛtasya dvāram. (p.169)

『応生慈悲』(安楽行品)

sarveṣu maitrībala so hi darśayī. (p.248)

(19)『世尊大慈悲、唯願垂納受』（『法華経』化城喩品）"parigṛhya etāni." (p.155)
また Divyāvadāna の中の Aśokāvadāna の漢訳についてみるに、『阿育王伝』には「慈悲」という語が殆んど出て来ないが、後世の『阿育王経』には頻繁に出て来る。その場合「慈悲」というのは karuṇā の derivative が多いようである〔e.g.『自然大慈悲』（大正蔵、五〇巻一三一頁下）= mahākāruṇikaḥ svayambhūḥ, Divyāv. p.363、『当起慈悲心』（同上、一三四頁下）= Divyāv. p.379〕。すなわち梁の僧伽婆羅の訳場にいた人は「慈悲」という成語を好んで用いたことが知られる。

(20)『宿昔の菩提慈善の志は忘れ果て、福貴を恃み威権にほこりて生民を苦しめ……』（白隠『辺鄙以知吾』、『禅門法語集』下、二七五頁）。

(21) kṛpā は漢訳仏典では、「悲、大悲、慈、慈悲、大慈大悲、愍、憐愍、愍哀、悲愍、悲愍心、憐憫、哀憐」と訳されている（荻原博士『梵和大辞典』三七三頁）。Mahāvyutpatti 223, 84 には「慈、悲」とある。

(22) dayā は「慈」と訳されている。Mahāvyutpatti 223, 85.

(23) 例えば敵に対してもつ「あわれみ」の心を kṛpā とよぶ（Bhag. G. I, 28; II, 1.）。「あわれみの心をもて」（dayadhvam）ということは、すでにウパニシャッドにおいても教えられている（Bṛhad. up. V, 2)。

(24) anukampā は Mahāvyutpatti 223, 86. に「慈悲、哀愍」、『サーンキヤ頌』七〇で真諦は「悲」と訳している。

第三章　慈悲の観念の歴史的発展

第一節　原始仏教における慈悲の意義

一　生きとし生けるものに対する慈しみ

最初期の仏教において、人間の宗教的実践の基本的原理として特に強調したことは、慈悲であった。

慈悲とは、一言にしていうならば、愛の純粋化されたものである。人間におけるそれの最も顕著な例は、母が子に対していだく愛情のうちに認められる。

すでに原始仏教において母がおのが身命を忘れて子を愛するのと同じ心情を以て、万人を、いな、一切の生きとし生けるものどもを愛せよということを、強調している。

『あたかも、母が己が独り子をば、身命を賭しても守護するがごとく、そのごとく一切の生けるものに対しても、無量の（慈しみの）こころを起すべし。また全世界に対して無量の慈しみの意（mettā aparimānā）を起すべし。
　上に下にまた横に、障礙なき怨恨なき敵意なき（慈しみを行うべし）。
　立ちつつも歩みつつも坐しつつも臥しつつも、睡眠をはなれたる限りは、この（慈しみの）心づかいを確立せしむべし。
　この（仏教の）中にては、この状態を（慈しみの）崇高な境地（brahma vihāra梵住）と呼ぶ。(1)』
　また父母親族が自分にしてくれるよりも以上の善を他人になすように心がけねばならぬという(2)。
　慈悲は一切の生きとし生けるもののどもに及び、たとい微小なる一匹の虫けらといえども、これをいつくしまなければならない。
『思いを正しくして「無量の慈しみ」（mettā appamānā）を修する者あらば、
　かれは執着の滅亡を見つつあれば、
　幾多の束縛は微細となる。
　悪心あることなく、たとい一匹の生きものなりとも慈しむ（mettāyati）ものあらば、かれはそれによって善人となる。
こころに一切の生けるものをあわれみつつ（anukampam）、
聖者は多くの功徳をつくる。
生きものに充ちみちたる大地を征服して、馬祠・人祠・擲棒祠・ソーマ祠・無遮会の主催者としてへ廻る聖王も、
慈しみにみちたるこころ（metta-citta）をよく修したる人の十六分の一だにも値せず。
月光に対する群がる星くずのごとし。
〔他のものを〕殺すことなく、殺さしむることなく、勝つことなく、勝たしむることなく、一切の生きとし生けるものどもに慈しみのこころあらば、何人もかれに怨みをいだくことなし(3)』

修行者は悲しみの心ある者（mettacitta）であらねばならぬ(4)。

『われは万人の友なり。万人のなかまなり、一切の生きとし生けるものの同情者なり、慈しみのこころを修して、つねに無傷害を楽しむ(5)。』

『弱きも強きも（あらゆる生きとし生けるものどもに）慈しみを以て接せよ(6)。』

一切の生きとし生けるものを慈しみあわれむという思想は、当時の社会において実

際に有力な動向としてはたらいていた。その実際のあととしては、アショーカ王の詔勅などの碑文[7]を挙げることができる。ジャイナ教でも『修行者は一切の生きとし生けるものにあわれみ、同情あれ[8]』と説き、『法に安立して一切の生きものに対してあわれみあれ[9]』などと教えている。

叙事詩においても同様に教えている。

『他のものを害せず、与え、常に真実を語るべし。すべての者に対して慈しみあり (dayāvat)、あわれみを感ずるもの (karuṇavedin) である。[10]』

『一切の生きとし生けるものを害すべからず。友情の道[11]を行ぜよ。この世の生命を得ては、決して復讐（怨み）を行うことなかれ。[12]』

だから仏教はインド一般に新たに起って来たかかる思想を受けてそれを発展せしめたということができるであろう。

初期の仏教では、特に他人のために教を説いて迷いを除き、正しいさとりを得しめることが慈悲にもとづく重要な活動とされている。釈尊が成道後に、梵天のすすめに応じて世の人々のために法を説かれたのは、慈悲にもとづくのである。[13]『そのとき世尊は梵天の意願を知り、また衆生に対するあわれみ (kāruññatā) により、仏の眼をたのである。『だから出家して仏教教団に入って修行者（比丘）となった者は世人のために法を説かねばならぬ。『慈悲により同情により憐れみによって、他人のために法を説く。[15]』説法ということは、教団人にとって重大な義務であった。教団人は世人にそむくために出家したのではなくて、世人を真実に愛するが故に出家したのであらねばならぬ。

かかる道理をもしも後世の解釈を用いて表現するならば、ひとびとに対する慈悲の故に理法としての「宗」を「教」として説くのである。[16] 生きとし生けるもののための奉仕は、単に教法を説くという精神的理論的な部面のみにとどまってはならない。道を求める人（bodhisattva）はいかなる苦痛をも堪え忍び、物を与えて奉仕せねばならぬ。釈尊の前世物語として伝えているところによると、ヴェッサンタラ（Vessantara）太子は物を乞うバラモンたちに財宝・車乗から妻子までも与えてしまった。[17] 後代の伝説によるとマハーサットヴァ（Mahāsattva）太子は、饑えた虎のために自分の身を捨てて虎の餌食となり、シビ（Sivi）王は鷹に追いつめられた鳩にかわって、自分の身肉を鷹に与えて鳩を救ったという。身を犠牲に供することによって慈悲行が完成されるということを、その極限に至るまで考えていたのであった。

そこでここに起る問題は、仏教やジャイナ教の興起した西紀前六世紀または五世紀になって何故に急に慈悲を説く思想が現われ出たか、ということである。恐らく当時マガダ国を中心として農業生産が増大し、工業も進展して、少くとも上層階級には生活のゆとりが出来て反省の機会が得られたことがまず考えられる。また生産の増大は商業の発展を必要ならしめるが、それを確保するためには商業路の安全ということが第一要件であった。そこで争闘を避け平和な生活を求める思想が、特に当時の王権及び商業資本の歓迎するところになったと考えられる。

（1）スッタニパータ一四九―一五一。なおこの前後の一節では慈悲の問題を扱っているので Mettāsutta と名づけられている。cf. Therag. 33.
（2）『ダンマパダ』四三。
（3）Itiv 27. Gāthā.（以下 G. と略す。＝AN. IV, pp.150-151 G.）さらにここの散文の部分ではこの旨を詳説している。
（4）Therag. 974. MN.I. pp.18; 123.
（5）Therag. 648.
（6）Sn. 967.
（7）西北方インドの Nagari の近くに発見された石の刻文には、"...sarva bhūtānāṃ dayārthaṃ..."（一切衆生をあわれむために）とある。紹介者であるダースは、これはジャイナ教徒の定型句の一つであるという。しかし仏教でもこのような表現法を用いるから、必らずしもジャイナ教のものとは限らない。

(Lüders: List of Brāhmī Inscriptions. No. 7 = Ghasundi stone inscription: Kaviraj Shyamal Das: J. Beng. As. Soc. Vol. LVI.pt. 1, p.78f.)

(8) Savvehiṃ bhūehiṃ dayāṇukampī...bhikkhū. ... (Uttarajjhayana. XXI, 13.)

(9) dhamme ṭhio savvapayāṇukampī to hohisi. (ibid. XIII, 32)

(10) Mahābhārata III, 207, v. 94.

(11) maitrāyaṇagataś caret. Nīlakaṇṭha は註していう。——maitraṃ mitrabhāvas tadevāyanaṃ mārgas tadgataś caret.

(12) MBh. III, 213, v. 34.

(13) cf. yaṃ bhikkhave satthārā karaṇīyaṃ sāvakānaṃ hitesinā anukampakena anukampaṃ upādāya, kataṃ vo taṃ mayā. (MN. I, p.118)
『如㆘尊師為㆓弟子㆒起㆓大慈哀㆒憐念愍傷、求㆓義及饒益㆒求㆓安隠快楽㆒者㆖。我今已作。』(『中阿含経』第二五巻、大正蔵、一巻五九〇頁上) つまり仏が教を説いて衆生の苦しみを脱せしめるのが慈悲なのである。かかる考えかたは後代にまで継承されている。

(14) SN. I, p.138; MN. I, p.169.

(15) kāruññaṃ paṭicca anudayaṃ paṭicca anukampaṃ upādāya paresaṃ dhammaṃ deseti, SN. II, p.199.

(16) 川田熊太郎教授『哲学小論集』一九二頁参照。

(17) ジャータカ第五四七。

二　慈悲の無限性と他の諸徳との関係

この慈しみ（mettā）は限定されたものであってはならない。それは無量であらねばならぬ。理想としては、それの限界があってはならぬ。したがって「無量の慈しみ」（mettā appamānā）を修することが要請される。[1] 修行者（bhikkhu）はこの無量なる「慈しみに住する者」（mettā-vihārin）[2] であらねばならぬ。[3]

『無量なる慈しみの心を起して、日夜つねに怠らずあれ。[4]』

身・口・意の三業に慈を修することが要請される。[5] 釈尊も修行者も、慈しみ、なさけ、を身に具現した人であった。[6]

最初期の仏教においては、専ら「慈」（mettā）のみを強調していたのであるが、ややおくれて、「慈」と「悲」とが併称され、修行者はこの両者の徳をそなえねばならぬという。[7] 例えば、修行者は『慈心あり悲《あわ》れみあるものにてあれ』（mettacitta kārunikā hotha）と教えている。ところでこの二つを対比させることは、バガヴァッド・ギーターでもなされている。

『一切の生きとし生ける者どもを憎まず、慈しみ（愛情）あり（maitra）、あわれみあり（karuṇā）、わがものと執することなく、自我意識もなく、苦楽に対し平等で、堪え忍ぶ。[8]』

この時期にはまだ「慈」と「悲」とは恐らく同義語と考えられていて、意義内容の上では殆んど区別されていなかったのであろう。ところが、さらに後の段階に至ると、この両者に「喜び」と「平静」（無関心・捨）が加えられて、四つが一まとめにして考えられるようになった。例えば修行者は「慈・悲・喜・捨」の四つの徳を修せよ、[9]という。そうしてこの四つの心もちを以て万物に遍満せしめる念想の行が規定されるに至った。

『修行者（bhikkhu）らよ、修行者が財宝に富むとは何ごとぞや。修行者らよ、ここに修行者ありて、慈とともなる心を以て一方に遍満してあり、また二方・三方・四方に遍満してあり、かくのごとく上・下・横・普《あま》ねく一切の処・一切の世界に広大・広博・無量にして怨みなく害することなき慈心を以て遍満してあり。悲とともなる心を以て……喜とともなる心を以て……捨とともなる心を以て遍満してあり。修行者らよ、これぞ修行者が財宝に富むなり。[10]』

修行者はこの四つの心情を特に修して体得せねばならぬ。最初は一つのものについて、そのように念ずるのであるが、最後には全世界がこのような心情を以てみたされたと思うまでにならなければならぬ。

この四つのうちでも或る場合[11]には「慈しみ」のこころについてのみかかる修養が説かれているから、慈しみが特に重要視されていたのであろう。[12]

かかる説明を見て、西洋の学者、例えばオルデンベルヒは、慈しみの心を以て念ずることは愛の実行ではなくて「平和にみちた好意の練習」(eine Übung friedevollen Wohlwollens) であり、したがって「心の修練」(Seelische Gymnastik) にほかならない。「慈」においては一切衆生を親しきものと観じ、また「捨」においては一切衆生が友でも敵でもないと観ずるのであるから、と主張している。[13] しかしこれらの徳がいずれも人間の体得すべきものであるからこそ、仏教ではそれを念ずる修行をすすめているのである。それは単なる心的修練ではない。かかる心情が人間のうちに生きてはたらくことに、積極的な宗教的道徳的意義を認めているのである。そうして慈悲が人間活動の実行のうちにあらわれるためには、かかる思いがつねに心の中にみちあふれていなければならぬであろう。

さて「慈」と「悲」のほかに「喜」(muditā) を加えた理由は、われわれも容易に理解することができる。解脱した人々には喜びが存する。[14] かれは不可説のもの (anakkhāta) に対して欲求 (chanda) が起っているのである。[15] また平静 (upekkhā, 捨 indifference, equanimity) を加えたわけは、インド人が一般に心の平静を求め、外的な何ものによっても心の動かされぬことを理想としたからであろう。

例えば原始仏教聖典のうちの古層には次のようにいう。

『弱きも強きも（あらゆる生きとし生けるものどもに）慈しみを以て接せよ。
心の擾乱を感ずるときには、「魔の党」なりとてこれを追え。[16]』

かかる文句を見るならば、かなり古い時代から「平静」の徳が「慈しみ」のあとに加えられていたということを、容易に見出し得るであろう。

そうして「慈」が古くから「崇高な境地」（brahma vihāra　梵住、梵堂）と呼ばれていたので、のちには右に挙げた四つがまた四梵住としてまとめられた。もともと崇高なる境地（brāhmī sthitiḥ）[17]とは、仏教外では、最高の境地、解脱の境地を意味していたのであるから、仏教においても最初期には恐らく究極の境地を意味していたのであろう。

さて「慈」が「無量」なるべきものとされていたので、のちにはこの四つも「四無量」または「四無量心」としてまとめられるに至った。そうして無量三昧という特別な禅定の修行法が考えられるようになった。[18] すなわち最初の時期には「慈」のみが「崇高な境地」または「無量」と呼ばれていたのであるが[19]、しかし後世になると、四無量とか四梵住とかいう徳目が確定した。[20] 無量の原語は最初は aparimāṇa[21] と

appa-māṇa とが用いられていたが、のちには後者が術語としては独占的なものとなった。さらに右の四種は仏教外のヨーガ派[22]にそのとおり採用されている。心を浄化する方法として次のようにいう。

『(ヨーガ行者は)楽についてはは友情(maitrī)を感じ、苦についてはは同情(karuṇā)を感じ、徳に関してはは喜び(muditā)を感じ、悪に関してはは平静(upekṣā)であることを修するによって、心を濁りなく澄ませるのである。』

これに対してヴィヤーサ(Vyāsa)は次のように註解している。『それら四つのうちで、安楽を享受するに至ったすべての生きものに対してはは友情を感ずるように修する。苦しんでいる生きものに対してはは友情を感ずるように修する。苦しんでいるものどもに対してはは同情を、徳をもっているものどもに対してはは喜びを、悪の性質をもっているものどもに対してはは無関心を感ずるように修する。かくのごとくに修養する人には、善い美徳が生ずる。そうしてそこで心が濁りなく静まり澄むのである。心が静まり澄んだときに、心は統一し、安住の境地に達するのである。』

ジャイナ教[23]でも右の四種を修行者の修すべき徳目として説いているが、用語が少し異るので、どちらがより古い原形であるかということは、なお研究を要する。

なお仏教の内部では、さらにそれにもとづいて拡張されて「六応出離界」という徳目の群が成立した。それは右の四つにさらに「われありとの思いを滅すこと」と「無相」とを加えたものである。[24] また或る場合には、前掲の四つの外に、「不浄」を観じて愛欲（rāga）を去り、無常を観じて「われありとの想い」を去るべきことを説き、合せて六つを数えていることがある（MN. I. p.424）。またインド中世においては、人間の望ましきものとして、あわれみ（karuṇā）と仁恵（dākṣiṇya）と慈しみ（maitrī）とを挙げ、それはどの宗教によっても認められている。[25] けっきょく慈しみ（maitrī）が最初に重視され、これにあわれみ（karuṇā）が附加され、そののち逐次他の徳が附加して考えられて種々なる徳目の系列が成立したのであると考えられる。

（1）Therag. 647.（cf. Therag. 615f. Itiv. 27 G. = AN. IV, pp.150-151G.）
（2）Dhp. 368.
（3）かかる表現は大乗仏教にも継承されている。例えば、maitrīvihāreṇa vihartavyaṃ（梵文『法華経』二四五頁）＝『生大慈心』＝（安楽行品）
（4）Sn. 507.
（5）Therag. 1041 f.
（6）釈尊は「なさけある人」（kāruṇika, Therag. 870; mahākāruṇika, ib. 722）「最上の利益をはかり、あわれむ人」（paramahitānukampin, Therag. 109）とよばれ、修行を完成した人は「慈心ある人」

(mettacitta, Therag. 974, 979)、「なさけある人」(kāruṇika, Therag. 979) とよばれている。cf. 176; Therag. 133f.; 145f.

(7) Therag. 979.

(8) Bhag. G. XII, 13.

(9) Sn. 73. ただし散文の説明 (MN. I, p.424f.) では、以上の四種の外に不浄と無常想を修すべし、と伝えている。

(10) DN. III, p.78, なお MN. I, p.283; 297; II, pp.207-208; DN. II, pp.186-187 もほぼ同文である。のち小乗仏教でも、一切の方角を maitrī の念を以てみたすことは、四つの清浄な功徳 (brāhmapuṇya) の一つとして賞讃されている (Prasannapadā p.325, n. 3)。

(11) MN. I, p.129.

(12) 『大乗義章』(第一一巻) によると、慈悲喜捨の四無量心のうちで慈が主なものであり、他の三つはこれに『随従するもの』であるといって詳論している (大正蔵、一四巻六八九頁中―下)。

(13) H. Oldenberg: Aus dem alten Indien, S. 5.

(14) Dhp. 197-200.

(15) Dhp. 218.

(16) Sn. 967.

(17) Bhag. G. II, 72. シャンカラはこれを brahmaṇi sthitiḥ (ブラフマンにおける安住) と解している。

(18) abhibhuyya disā sabbā appamāṇa-samādhinā, AN. I, p.236 G.; bhikkhu appamāṇaṃ cetosamādhiṃ upasampajja viharati, AN. II, p.54.

(19) 上に挙げた諸例の外に Therag. 649 参照。

(20) Mahāvyutpatti LXIX. それに対する荻原博士の註記によると、法蘊足論 (秋四、二八丁右一〇及び一一行)、顕揚聖教論(来七、一五丁左)、Dharmasaṅgraha XVI によっている。なお AN. II, p.136; Lalitavistara 35; 37l; Jātakamālā XXXII 参照。真言宗では四無量心観というものが、重要な意義をもっている。brahma-vihāra という呼称は仏教特有である。

(21) cf. Sn. 149.

(22) ヨーガスートラ一・三三には『楽と苦と善と不善とに関係する慈と悲と喜と捨とを修することにもとづいて、心が澄んできよらかとなる』という。学者(例えば H. Oldenberg: Aus dem alten Indien, S. 5)はこれは仏教がヨーガ派から採用したのだという。しかし仏教の聖典を見ると、すでに指摘したように、四無量心として一まとめにされる前に、歴史的な発達過程が認められるから、仏教内部で徐々に形成されて完成的形態として成立したこの徳目を、ヨーガ派のほうがのちに採用したのであろう。そうしてその意義を改めたのであると考えられる。

(23) ウマースヴァーティは四無量心に相当するものを説いている。すなわち生きものに対しては慈(maitrī)を、高徳者に対しては歓喜(pramoda)を、悩まされているものに対しては悲(kāruṇya)を、粗野なる者に対しては無関心(madhyastha)を観ずべしと教えている(Tattvārthādhigama-sūtra 七・六)。なおヘーマチャンドラのヨーガ・シャーストラ(IV, 117f.)にも同じ術語で出ている(鈴木重信『耆那教聖典』六二頁以下)。また Amitagati の著わした三十二頌より成る詩集 Dvātriṃśatikā でもこの四つの徳を説いているが、最後の無関心とは、自分に対して敵意あるものに対する無関心である(M. Winternitz: History of Indian Literature, vol.II, p.567.)。ところでこの四つの徳はジャイナ教聖典のうちには典拠の求められぬ説であるという(Schubring: Die Lehre der Jainas, S.191)。これはヨーガ派からとり入れたのか、或いは仏教からとり入れたのか不明である(金倉円照博士『印度精神文化の研究』一七二頁参照)。

(24) Mahāvyutpatti LXXXII には『応起六心(六応出離界) Ṣaḍ niḥsaraṇīya-dhātavaḥ』として次の六

つを挙げている。

1　vyāpādasyāvyāpādo niḥsaraṇam maitrī　除害心起慈心（無瞋慈出離瞋）
2　vihiṃsāniḥsaraṇaṃ karuṇā　除賊心起悲心（悲出離害）
3　aratiniḥsaraṇaṃ muditā　除不喜心発喜心（喜出離不楽）
4　kāmaniḥsaraṇam upekṣā　除貪欲起捨施（捨出離欲）
5　vicikitsāniḥsaraṇam asmimānasamudghātaḥ　除疑心消傲慢（永断我慢出離疑）
6　nimittaniḥsaraṇam animitta　除著相得無相（無相出離相）

右のうち括弧の内部は荻原博士が他の漢訳仏典の中から見出して附加されたものである。同博士の註記によると、右は『長阿含経』（昃九四五丁右一〇行）『長阿含十報法経』（昃、十、七二丁右一四行）、『集異門足論』（秋一、七四丁二行及び三行）に出ているという。

(25)　『問答宝鬘』一八。

三　仏の慈悲と凡夫の慈悲

さて慈悲が他の徳と一群の徳目としてまとめて概括されるとなると、その絶対的意義がいちじるしく軽減された趣きを呈することはやむを得ない。そうして仏教の発展とともに、仏の偉大性が強調されるとともに、仏の大慈悲が強調され、一般修行者の有する慈悲と区別されねばならぬと考えられるようになった。特に釈尊の過去世物語、すなわちジャータカにおいては、釈尊は無数の過去世に求道者として幾多の慈悲行を実践し、その結果としてこの世に釈尊として生れて来たのである、と一般民衆の間で信ぜられるようになった。そこで後代になると、四無量の中に含まれる慈悲と区別して、それとは別に、仏の「大悲」（mahākaruṇā）が説かれるようになった。[1] 現存原始仏教聖典の大部分のうちには特殊な術語としての「大悲」ということばは現われていないが、極く遅い時期になると大悲が明瞭にまた詳細に説かれるようになった。[2] だからゴータマ・ブッダが神格化された極限にこの大悲の観念が成立したのである。（だから最初期の仏教にアビダルマの大悲の観念をもち込んではならない。）

後代のアビダルマ文献では、大悲と四無量[3]の中の悲とを区別していろいろ説明しているが、[4] 次の説明は最も解り易い。すなわち、大河の岸に二人の人がいて、河の中で溺れている人を見たとしよう。一方の人は、あれよあれよと悲しんで叫び声を立てるが、唯だ手を扼《やく》しているだけで救うことができない。ところが他方の人は身を投じて水中に入り、救ってやった。前者は悲に、後者は大悲に喩えられる。[5] のちの大乗経典では、衆生に対するぼさつの大慈と大悲とが説かれている。[6] さらに後代の大乗経典では大慈・大悲・大喜・大捨を仏性と解していることもある。[7]

他方、四梵住（＝四無量）は低い意義のある徳目とみなされるに至った。それの原語 brahma-vihāra（崇高なる境地）は二語より成るものであり、brāhma は「清浄なる」という形容詞であったが、後の時期になるとbrahma-vihāraという合成語がつくられ、brahmanは独立の名詞とみなされ、梵住とは「梵天に至る道」と解せられるようになった。[8] 原始仏教聖典を見ると、当時のバラモンたちのうちには、梵天との共住を理想としていた者のあったことがしばしば説かれているので、それとの連想によってこのように解せられたのであろう。そうして四梵住（四無量心）は凡夫の修行者に共通な徳（共功徳《ぐうくどく》）であり、したがって「悲」は凡夫と共通であるが、大悲は仏にのみ存する特質（不共仏法《ふぐうぶっぽう》）の一つであると解せられた。

そもそも慈悲とは、始めは人が他の人に対して行うはたらきであり、物質的方面でも精神的方面でもひとを救って、それを機縁として最高究極の境地に至らしめる純粋の心情であった。かかる心情にもとづく行為もまた慈悲と呼ばれていたようである。ところでかかる実践は人間一個の力ではなかなか実現され得ないから、凡夫はどうしても覚者である仏の力にたよろうとする。そこで慈悲は仏の側におかれ、仏がひとびとを救うために慈悲を垂れるのであるとされた。かくして慈悲は人と人との関係から人に対する仏のはたらきに移され、人間はただこの慈悲に対して受動的であると解せられるようになる。そうして人と人との間にあらわれる慈悲は、最初の宗教的意義がかくされ、単なる同情或いは憐れみというような世俗的なものと解せられ、したがってそれは人々に対する仏の慈悲の模写或いは世俗的形態と解されるようになる。慈悲のかかる二種の形態は、そののち伝統的保守的仏教のうちに保存されているとともに、大乗仏教においても別々のすがたであらわれているように思われる。

しかしそのような分離にも拘らず、慈悲心は人間でも起すものである。[9] だから教義学者の間では仏の大悲と人間の慈悲とは区別されていたが、人間の心情を表出する仏教詩においては両者は区別されなかった。[10] 法華経でも『如来の室とは、一切衆生の中の大慈悲心これなり。』という。[11] 大慈悲心は迷える人間のうちにも存するのである。

なおインドでは、インド教の信愛 (bhakti) の思想、或いはジャイナ教のジナ崇拝のうちにもかかる意味の慈悲の思想が認められる。一般にインド教では、恩寵を恵む最高人格神と個我との間にはこのような関係が考えられている。

(1) 例えば mahākāruṇikaḥ svayambhūḥ, Divyāvadāna, p.363.『自然大慈悲』(『阿育王経』第一巻、大正蔵、五〇巻一三二頁下)。

(2) Patisambhidā-magga I, p.126 f.

(3) 慈悲喜捨の四無量はアビダルマ文献の中で詳論されている。『阿毘達磨大毘婆沙論』第八一―八三巻(大正蔵、二七巻四二〇頁中―四三二頁中)。

(4) この区別はのちのアビダルマ文献では詳論されている。『倶舎論』第二七巻では、大悲は俗智を性となす、と定義して、資糧・行相・所縁・平等・上品の五義によって大悲と名づけられるのであり、通常の悲とは八種の因によって異るという。大悲は『大毘婆沙論』第三一巻（大正蔵、二七巻一五九頁以下）に詳説されている。また『大毘婆沙論』第八三巻では『世尊は何故にただ大悲を説いて、大慈・大喜・大捨を説かざるや?』ということが問題となっている。これに対して答えていう。『皆な（いずれについても）大を説くべし。仏身の中の一切の功徳は皆な是れ大なるを以ての故に。』だから大慈・大喜・大捨といってよいのであるが、大の字をつけてもつけなくても本質的な相違はないから問題とならない。ところが四無量の中の悲と大悲とは『自性』が異っているといって、その区別を次のように挙げている。

	悲	大悲
一、	『無瞋善根を自性と為す。』	『無癡善根を自性と為す。』
二、	『瞋の不善根を対治す。』	『癡の不善根を対治す。』
三、	『四静慮（すべてのうち）に在り。』	『唯だ第四静慮にのみ在り。』
四、	『悲は無量に摂せらる。』	『大悲は無量に摂せらるるに非ず。』
五、	『悲は異生と聖者との身中に在り。』	『大悲は唯だ聖者の身中にのみ在り。』
六、	『悲は声聞と独覚と仏の身中に在って成就す。』	『大悲は唯だ仏の身に在って成就す。』
七、	『悲はただ悲しみて救うこと能わず。』	『大悲は能く悲しみまた能く救う。』

なおその次に尊者世友及び大徳の独自の見解を詳しく述べている（大正蔵、二七巻四二八頁上―中）。そうしてその次に、大悲が「大」と呼ばれる理由を詳しく説明し、またヴィナヤの文を引いて仏の「普慈」を述べている。

（5）右の箇所に同じ。

（6）Daśabhūmikasūtra II, 29.　竜山章真氏訳註『梵文和訳　十地経』三三三頁。

（7）『善男子よ、大慈大悲を名づけて仏性となす。何を以ての故に。大慈大悲は常に菩薩に随うこと、影の形に随うがごとし。一切衆生、必定して当に大慈大悲を得べし。この故に説いて、一切衆生悉く仏性ありと言う。大慈大悲とは名づけて仏性と為し、仏性とは名づけて如来と為す。大喜大捨とは名づけて仏性と為す。何を以ての故に。菩薩摩訶薩にしてもし二十五有を捨つること能わざれば、則ち阿耨多羅三藐三菩提を得ること能わず。諸の衆生は必らず当に得べきを以ての故に、この故に説いて、一切衆生悉く仏性有りと言う。大喜大捨とは即ち是れ仏性、仏性とは即ち是れ如来なり。』（南本『大般涅槃経』第三二巻、大正蔵、一二巻五五六頁下）。

（8） MN. II. pp.207-208 では四梵住は梵天との共住に至る道であると説かれている。なお brahma-vihāra bhāvetvā...brahmalok'ūpaga, Jātaka I, 139. Kern（Manual of Indian Buddhism, p.54）は brahma-vihāra を living in the spiritual world と訳しているが、Pāli Text Society の辞書にはかかる解釈を挙げないで、sublime or divine state of mind, blissful meditation と訳している。

（9） 例えば『当起慈悲心、施与無怖畏』（『阿育王経』第一巻、大正蔵、五〇巻一三四頁下）。これに相当する原文は、abhayaṃ prayaccha sattveṣu kāruṇyapurojaveṣu. (Divyāv. p.379)

（10） 『馬鳴の作品において、慈悲は、明らかに普通の愛情（praṇaya, priya, sneha, anurāga, sauhṛda, etc.）とは区別せられている。しかし、それは作者の意識内の問題である。両者の間に、世間的と出世間的との次元の相違を認め、截然たる一線を劃して、各々に規定を与えるような哲学的な取扱いはもとめられない。』（金倉博士「馬鳴研究備忘二題」『印度学仏教学論集　宮本正尊教授還暦記念論文集』二四〇―二四一頁）原始仏教においては親族に対する愛情として anukampā と peman とが殆んど同義に用いられていることがある（Therag. 241）。

（11） 『法華経』法師品（大正蔵、九巻三一頁下）。

第二節　伝統的保守的仏教における慈悲の位置づけ

仏教教団は、アショーカ王以後の時代に急速な発展を遂げ、伝統的保守的仏教（いわゆる小乗仏教）の威勢は強大なものとなった。それはのちには、社会の上層階級の支持を受け、僧院の中に隠棲して、煩瑣な教理研究と修行とに専念するようになった。かかる教団の人々は、大乗仏教の側から痛烈に批難されるように、ややもすれば利己的独善的な態度に赴く傾向があった。したがってかかる生活においては、慈悲の精神はおのずから背後にしりぞかねばならなかった(1)。

小乗仏教のうちでも特に後期の説一切有部では、修行者がさとりを求める心を起したならば真理を思惟する前段階として、戒律を守り、身体を清浄にし、伝統的な教説を聞いた上で、「五停心観《ごじょうしんかん》」を修する。すなわち、まず不浄観を修して貪りを対治し、慈悲観を修していかり（瞋）を対治する。また因縁観によって因果の理を観じて無知（癡）を対治し、界差別観によってわれわれの個人存在を構成している十八要素（十八界）を観じて、我に対する執着を対治する。また数息観《しゅそくかん》によって出入の息を数えて心を統一し、心の散乱を対治する(2)。さてそのうちの「慈悲観」については、次のように詳説されている。

『初習業の位にいかにして慈を修するや。謂わく、まずみずから受くるところの楽を思惟し、或いは、仏・菩薩・声聞・及び独覚等の受くるところの快楽を説くを聞きて、すなわちこの念をなす。——願わくば、もろもろの有情をして一切等しくかくのごとき快楽を受けしめん——と。もしかれが本来煩悩増盛にして、かくのごとき平等に心を運ぶこと能わざれば、有情について分ちて三品（＝三種類）となすべし。（すなわち）いわゆる親友と処中（＝中間者）と怨讎となり。親しきものについて、また三（つの種類）を分つ。いわく上と中と下となり。中品（親しきものにも非ず、怨みあるものにも非ざるもの）は唯だ一（種類）なり。怨あるものにも、また三（つの種類）を分つ。いわく下と中と上となり。総じて七品（＝七種類）を成（立）せしむ。品（＝種類）の別を分ちおわりて、まず上の（種類の）親しきものにおいて、真誠《まこと》の、楽を与えんとする勝解《しょうげ》（＝確信）を発起す。この願が成（立）しおわらば、中と下との（種類の）親しきものにおいても、また漸次にかくのごときの勝解を修す。親しきものの三品（＝三種類）において平等なることを得おわらば、次に中品（＝親しきものにも非ず、怨みあるものにも非ざるもの）と、下と中と上との怨みあるものとにおいて、また漸次にかくのごときの勝解を修す。数習力

（＝しばしば修養した力）に由りて能く上の（種類の）怨みあるものについて楽を与えんとする願を起して、上の（種類の）親しきものに（たいする）のと等しからしむ。

この勝解を修してすでに退くこと無きを得ば、次に所縁（＝対象）において漸（次）に修して広からしむ。いわく漸（次）に想を運《めぐら》して、一邑・一周・一方・一切の世界を思惟し、楽を与うる行相（＝すがた）が偏満せざることなし。これを慈悲無量を修習することを（完）成すとなす。……悲と喜とを修する法もこれに準じて知るべし。[3]』

つづいて捨を修するしかたを述べている。

ここでは四無量心が説かれているのであるが、もはや慈悲に特別の意義は認められていない。単なる観念のしかたの一つとしての位置が与えられているだけにすぎない。これは、一般小乗仏教において慈悲の実践を相対的には軽んじていた態度に由来するものなのである。

この時代に慈心観は種々に説かれているが[4]、甚だ興味深いのは、その生理的物理的な効果が説かれていることである。すでに原始仏教において『慈心もて一切の生ける者をあわれむなら、その人は多くの功徳を生ずる[5]』と説かれていた。そこでさらに進んで慈心は自身を敵から守る力があると考えられるに至った。すでに経典でも『慈定に住する者は、刀・毒・水・火も皆害すること能わず。必らず災横無くして命終を致す』[6]という。すなわち慈悲を行なえば非常な功徳が得られ、例えば敵にも傷つけられなくなるなどと説いている。[7]『人が慈（mettā）を身にそなえた刹那においては、その人に対して火も毒も刀も作用を及ぼさない。かれに対して何人が不利を与えようと欲して近づいても、かれを見出さず、またかれにおいて機会を得ない。』慈は矢を貫通しない冑のようなものである。毒矢に射られたりするのは慈の修行を怠ったからである。[8]

釈尊がぼだい樹下に坐して悪魔の誘惑と戦っていたときには、魔軍の降らす炎や火の粉が、かれの慈無量心（maitrīvihāra）によって美しい蓮華の花弁に化したという。[9]

また宗教的な功徳を得る手段と考えられた傾向もある。例えば、慈（mettā）を修すると十二の功徳があるという。『安楽に眠り、安楽にめざめ、悪夢を見ないで、人々に愛せられ、非人に愛せられ、神々が守護し、火も毒も刀もかれに対して作用を及ぼさない。心が速かに統一され、顔色がきよらかになり、臨終に昏迷しない。もしも最上（＝あらかん果）に通達しないとしても梵天界に至る。[10]』

こういう考えかたはインド一般に存するようである。例えば詩人バルトリハリは『慈悲に専念せる人々の身体は他人を益することによって輝く。栴檀によってではない。』という。[11]

ともかくこの時代においては、もはや慈悲の実践ということが、仏教における本質的意義あるものとしては認められず、むしろ個人の心の平静、個人の苦からの脱離というほうがより多く重視され、慈悲が特殊な呪力のあるものとして考えられていた傾きがある。そうしてかかる呪力的性格は後代の大乗仏教にも継承された。[12]

仏の慈悲は絶対であるが、われわれ凡夫には及びもないものとして遠ざかる態度は、伝統的保守的仏教（＝小乗仏教）に一貫していて、それがまた今日の南方アジアの仏教諸国にも認められるような気がする。南方アジアの人々は、仏教を慈悲の宗教として規定するのを欲しないであろう、とその実情を知っているアメリカの宗教学者が個人的に語ったのを思い出す。

修行完成者（arahat）は何ものにも拘われず、執着しない境地にあるといわれる。それは慈悲の理想と矛盾するではないか。両者はいかにして矛盾せずに存在し得るか、――これは仏教外の人から常に向けられる質問であり、また大乗仏教徒が小乗仏教徒を論難したのは、この点であった。

この問題を南方仏教の指導者がどう考えているか知りたいと思って、かつてタイ国のバンコックに立寄ったとき、その地の仏教指導者の世話で、一高僧に会い、問いただしたことがあった。その高僧の返答は「ここにかりに病人がいて、倒れて苦しんでいたとする。それを見ながら通りすぎるのは、その人が何ものかにとらわれているからである。本当に無執著（non-attachment）の境地に達した人ならば、かれを直ちに救助するはずである。」ということであった。

これは一つの立派な解釈である。しかし、現在のビルマ（現ミャンマー）やマライ（マレーシア）で、貧民や病人の救済事業というと、碌《ろく》に信者をもたない新参のラーマクリシュナ・ミッションが指導的立場にあり、社会的には圧倒的に有力な仏教が遅れをとっているという事実は、いろいろと考えさせられる。

（1）もちろんこの時代においても、慈悲がやはり尊重されてはいたけれども、何かしら名目上のものにすぎぬような気がする。例えばミリンダ王と対談したナーガセーナ（Nāgasena）長老のことを叙するに当っても、かれのことを『慈悲の水の充満した大きな法の甘露の雲によって全世界を満足せしめて』(karuṇājāla-bharitena mahatā dhammāmatameghena sakalalokam abhitappayanto, Mil. P. p.22)という。

（2）こういう体系は後代のアビダルマで説かれたらしい。『大毘婆沙論』第四〇巻では不浄観を説いているが、五停心観としては説いていない。大乗における諸資料については『望月仏教大辞典』一二五八一二五九頁参照。なお慈については、『阿毘達磨順正理論』においては、『慈悲は無瞋を性となす』といって詳論している（大正蔵、二九巻七六九頁上。『倶舎論』第二九巻一丁も同様）。かかる解釈の影響を受けたのであろう、唯識説においては、「不瞋」を「慈」と同一視している（adveṣo dveṣa-pratipakṣo maitrī, Sthiramati's Comm. ad. Triṃśikā, p.27, *l*.7）。

そうしてこのような見解は、民衆一般の仏教においてもまた承認されていた。『或いは怨賊のかこみて、おのおの刀をとって害を加うるに値わんに、かの観音の力を念ぜば、ことごとく即ち慈心を起さん(maitracitta bhonti)。』（『観音経』）。

（3）『倶舎論』第二九巻三丁。なお慈定（maitrīsamāpatti）が『倶舎論』根品（木村博士国訳三一八頁註記参照）及び定品（第二九巻）に言及されている。

（4）慈心観（mettā-bhāvanā）に関してはブッダゴーサの『清浄道論』の中に詳しく論ぜられている(Visuddhimagga of Buddhaghosâcariya, ed. by H. C. Warren, Cambridge, Mass., 1950, p.244f.)。

（5）Therag. 238.

『こころに一切の生きものをあわれみて（anukampan）聖者は多大の功徳（puñña）をつくる。』(Itiv, 27 G.)

（6）この文は『阿毘達磨大毘婆沙論』第八三巻（大正蔵、二七巻四二七頁上）に『契経に説くがごとし』として引用されている。

（7）譬えば鼬が蛇に近づくときには薬をもって身に遍ねく塗って捕えようとして近づくように、ヨーガ行者は論争にとらわれた世間に近づく時には慈（mettā）の薬をもって意に塗付すべきであるという(Milindapañhā, ed. Trenckner, p.394)。

またアショーカ王の伝説にいう、――『慈三昧』に入ると、火も焼く能わず、武器や毒もその身を害することができぬといい、また『慈心三昧』に入ると『虫・毒・大火も傷害すること能わざる』境地に達するという（『阿育王伝』第五巻、大正蔵、五〇巻一一七頁上、『阿育王経』第七巻、同上一五七頁上）。またこの慈心定に入った聖者をば夜叉女（Yakṣiṇī）も害することができなかったという（A. Schiefner: Geschichte des Buddhismus in Indien, S. 46-47)。

（8）『ミリンダ王の問い（ミリンダパンハー）』一九八―二〇〇頁。

（9）Buddhacarita XIII, 42,

（10）『ミリンダ王の問い』一九八頁。

（11）Nītiśloka, v. 54 (ed. by D.D. Kosambi, p.23)

（12）このような見解は大乗仏教にも継承されている。『道場に坐した求道者は慈（maitrī）によって一切の魔の力にうち克つ』（Bodhisattvabhūmi, p.74, *l*.26）。玄奘は maitrī を「慈定」と訳している。

かかる思想はまた日本仏教にも継承されている。無住法師は『慈悲の心ある者は、命長く、忍辱の心ある者は、形能く、殺生を好む者は、命短く病多し。』（『妻鏡』、『禅門法語集』上、五四二頁）といい、白隠は『慈悲善根をする人は、神や仏にまもられて、天魔外道はよりつかず。然れば祈禱になるまいか。』（『施行歌』、『禅門法語集』中、二二七頁）と歌っている。

慈悲心ある修行者を害することができぬという思想について、道元は次のように解釈している。『むかしより天帝きたりて、行者の志気を試験し、あるいは魔波旬きたりて、行者の修道をさまたぐることあり。これみな名利の志気はなれざるとき、この事ありき。大慈大悲のふかく、広度衆生の願の老大なるには、これらの障礙あらざるなり。』（『正法眼蔵』谿声山色）。かれによると袈裟は『大慈大悲衣』である（同上「袈裟功徳」）。

超自然的な力というものは、仏教の修行者のみならず、他の宗教においても、例えば聖フランチェスコ（St. Francis）の場合にも、或る徳の達成にもとづいてあらわれると考えられた。その徳とは謙虚(humility) であり、自然を超越するものに対して精神を服従せしめるものである（Irving Babbitt:

The Dhammapada translated from the Pāli with an essay on Buddha and the Occident, 1936. p.79)。

来世によき果報を得るという思想もまた、大乗仏教にも継承されている。『大名商家に生るる事さへ世にまれなり。過去にて能く慈悲をし、功徳をして、今世に大名商家、そのしなしな因果をあらはすなり。』(『無難仮名法語』、『禅門法語集』上、三四六頁)。

第三節　大乗仏教における慈悲の高調

一　求道者の精神

西紀一世紀前後に民衆の間から起った大乗仏教は、伝統的保守的仏教の独善的高踏的態度を痛烈に攻撃した。そうしてここにおいては、他人のために奉仕するという慈悲行の精神が、宗教の中心におかれるに至った。大乗の修行を行う人はぼさつ(菩薩 bodhisattva　求道者の意)と呼ばれるが、かれは生きとし生けるものを救おうとする大慈悲心をもっている人である。かれは一切の生きとし生けるものを救おうとする誓願を立てる。かかる誓願は慈悲心にもとづくものであるから、「悲願」とよばれる。[1] かれは、機宜に適したありとあらゆる手段方便を用いて一切の生きとし生けるも

のどもを救おうとする。(2)

もちろんぼさつの観念は大乗仏教になって突然あらわれたものではない。原始仏教乃至《ないし》小乗仏教では、前世、乃至さとりを開くまでの釈尊をぼさつと呼んでいるし、説一切有部の論書の中にはぼさつの利他行がしばしば言及されている。殊に興味深いことには、西紀前後から数世紀にわたってつくられたぼさつ像がインドで多数発見されているが、それらの彫刻は全部いわゆる小乗仏教の建造物のあとからのみ発見されている。

だから依然として疑問を残しているわけであるが、ただ利他をめざすこの求道者の精神は、大乗仏教を特徴づける本質であると考えられた。

『もし衆生下劣にして、その心厭没《おんもつ》せる者には、示すに声聞（＝小乗の修行者）の道を以てし、衆苦を出でしむ。』

『もしまた衆生あり、諸根（＝精神的機能）少しく明利にして、因縁の法をねがうものには為めに辟支仏《びゃくしぶつ》（＝独善的にさとる人）〔の道〕を説く。

もし人、根（＝精神的機能）明利にして、衆生を饒益せんとし、大慈悲心あるものには、為めに菩薩の道を説く。

もし無上心ありて、決定して大事をねがうものには、為めに仏身を示し、無量の仏法を説く。[3]』

従来の伝統的保守的仏教の聖典や戒律をそのとおり忠実に遵奉している人々 (śrāvaka)、或いはただ独り隠棲してさとりを求める人々 (pratyekabuddha) はすべて『生きとし生けるものの苦をすくうこと』というはたらきが無い。それはただ進んだ境地の大乗の修行者にのみ存するのであるという。[4] ぼさつの行は大乗仏教の本質であると考えられ、しかもそれは慈悲の精神の具現にほかならぬと教義学者によって規定されているのである。[5] 大乗仏教においてはみろくぼさつ (Maitreya Bodhisattva 弥勒菩薩) の信仰が盛んになったが、それは友愛 (maitrī) の教師という意味である。

殊に漢字で「菩薩」と書くと、ひとびとには非常に神話的な印象を与え、何か雲の上のかなたのことを論議しているように思われるかもしれないが、インドでは実際の人物についてこういう呼称の用いられていたことが、歴史的にも実証されている。例えば、西紀四世紀にマイソール (Mysore) 地方を治めたバーナ (Bāṇa) 王朝の或る王は、世の中の一切衆生を憐んだというので、一碑文の中でボーディサットヴァに比せられている。[6] またダーラーのボージャ (Bhoja) 王の治世にシャカ暦九七七年 (西紀一〇五五年) にダシャバラ (Daśabala) の著わした天文学書 (Cintāmaṇisāraṇikā) の冒頭及び末尾では著者のことを「大悲あるボーディサットヴァ」(mahākāruṇikābodhisattva）と呼んでいる。[7]

ぼさつの本質が慈悲に存するという見解は、日本の仏教にも継承されている。一例を挙げると、大応国師は次のようにいう。『五戒十善を持てば、心〔が〕人天と成り、他を化度せず我が自度を求めば、心〔が〕声聞縁覚と成る。智慧慈悲深ければ、心〔が〕菩薩と成り、諸事を悟れば心〔が〕仏と成る。[8]』

夢窓国師疎石は、人間を絶対否定者としての心のうちに還帰せしめるはたらきがぼさつであり、生きとし生けるものの機の相違に応じて異ってあらわれるのだと説明している。

『まことの仏のことは、まえにくはしく申しつる如く、衆生の心にあるなり。その仏は色もかたちもなく、大にもちひさき物にもなし、過去、現在、未来もなく、虚空の如くにていたらずといふ所なく、いきしになく、いやしくもなし、是れ根本の仏也。この仏をだに知りぬれば、我が心のうちに残る仏なくましますべし。菩薩も文珠・弥勒・薬王・観音・虚空蔵・普賢その外一切の菩薩みな一心の名にて候。慈悲ふかくして世に出て、衆生の心則ち仏也、菩薩也としらしめて、六道を出すべきため也。されば一菩薩にて機にしたがひ時に応じ玉ふ、何れおとりまさりとも申しがたし。[9]』

ところで智慧と慈悲との関係はどうであるか。普通大乗仏教で考えられていることは、まずさとり（根本智）を得て、それから慈悲のはたらき（後得智）がはたらくというのであるが、ナーガールジュナは正反対の主張を大乗経典の中から引用していることがある。先ず、慈悲心があるからこそ、さとりが得られるのだという。

『菩薩は、衆生の中に処して三十二種の悲《あわれみ》を（観音菩薩のごとく）行い、漸々に増広して転じて大悲を成ず。大悲はこれ一切の諸仏・菩薩の功徳の根本なり。これは般若波羅蜜の母なり。諸仏の祖母なり。菩薩は大悲心を以ての故に、般若波羅蜜を得。般若波羅蜜を得るが故に、仏となることを得。(10)』

ところが唯識説の開祖マイトレーヤは異った説を述べている。ぼさつは慈悲行を本質とするものであるが、すべてのぼさつがそうなのではない。修行を始めてまださほど進歩していないぼさつは『思慮して生存者を利することに努力するのであって、本性上同情し愛念することによってそうするのではない。(11)』すなわちかれには『大悲』というものがなくて、生存者に対してはただ僅かの利益を与えようとするのみである。(12)本性上の慈悲というものは、はるかに修行が進んでから起るものである、と。

思うにマイトレーヤの説とナーガールジュナの引用する説とは明らかに矛盾している。恐らく、ナーガールジュナは理想論・原理論の立場から述べているのに対して、マイトレーヤは現実の過程の視点から述べているために、この喰い違いが現れたのであろう。

（1） 菩薩は「本願にもとづく大悲」（pūrvapraṇidhāna-kṛpākaruṇā）をそなえている（Laṅkāvatāra, p.214, *l*.3）。『おのおの薩埵の悲願に乗じて、力をあはされしいとたふとし』（『鉄眼禅師仮字法語』四二頁）。

（2） かれは『大悲による巧みなる方便』（mahākaruṇopāya-kauśalya）を現じ、『力と智慧の自在による慈悲方便』（balābhijñāvaśitākṛpākaruṇā-upāya）を現ずる（Laṅkāvatāra, p.42, *ll*.8; 17）。『問うて曰く、神通に何の次第かある。答えて曰く、菩薩は五欲を離れ、諸の禅を得て慈悲あるが故に、衆生のために神通を取り、諸の稀有奇特の事を現わし、衆生の心を清浄ならしむ。』（『大智度論』第二八巻、大正蔵、二五巻二六四頁中―下）

（3） 晋訳『華厳経』第二七巻、『華厳五教章』観応冠導本第一巻五〇丁表。『法華経』でも同様にいう。『もし人精進して、常に慈心を修し、身命を惜まざらんに、乃ち為に説くべし。』（譬喩品）（ye vīryavantaḥ sadā maitra-cittā bhāventi maitrīṃ iha dīrgha-rātram, p.93）法華経の会座にあった八万の菩薩は「以慈修身」（maitrīprabhāvitakāyacitta, p.2）と讃せられている。『つねに慈悲の力（maitrībala）を示しつつつねに一切衆生をあわれむ（kṛpāyamāṇaḥ）』（梵文『法華経』荻原・土田両氏出版本二四八頁）。

（4） Bodhisattvabhūmi, p.325, *ll*.22-25.

（5） sattveṣu vipula-Karuṇāśayaḥ（Bodhis. p.336, *l*.5.）『於㆓諸衆生㆒能起㆓広大悲愍意楽㆒。』（『瑜伽師地論』第四八巻、大正蔵、三〇巻五五七頁中）sattva-dhātau ca karuṇāśayaṃ vivardhayati.（Bodhis. pp.341-342. cf. p.343, *l*.10）; sattvakaruṇatā（ibid. p.342, *l*.9.）

(6) B. Lewis Rice: Mysore and Coorg from the Inscriptions, p.203.
(7) ed. by D. D. Kosambi. Supplement to Journal of Oriental Research. vol. XIX, pt. II. Kuppuswami Sastri Research Institute, Madras 1952.
(8) 『大応国師仮名法語』(『禅門法語集』中、四三四頁)。
(9) 『二十三問答』(同上、三四頁)。
(10) 『明網菩薩経』の引用とされている。『大智度論』第二〇巻(大正蔵、二五巻二一一頁中)。
(11) Bodhisattvabhūmi, p.322, *ll*.14-16.(大正蔵、第三〇巻五五四頁上)、勝解行住(adhimukti-caryāvihāra)にある菩薩についていう。
(12) ibid. p.324, *l*.1.

二　実践の基本としての慈悲

大乗仏教においては、一切の生きとし生けるものに対する慈悲を強調する。『一切の生きとし生けるものに対して慈悲の力(maitrībala)を捨つることなかれ。』[1] 大乗経典のうちにも、特に「慈悲」を題名とするものもつくられた。[2]

慈悲が仏教の実践の基本であるということは、すでに原始仏教において説かれていたことではあるが、いまや大乗仏教の哲学者たちによって一層深く反省究明せられた。ナーガールジュナの『中論』においても、慈悲の精神は一切の善行の根本と見なされている。『自己を制し、他人を益し、慈しみにみちた心が法であり、それはこの世及び死後における果報の種子である。[3]』そうして中観派の学者チャンドラキールティは『友情より生じ、生けるものどもに対して逆わざる心、それが慈しみの心である。[4]』と解している。後代になると慈悲が極度に高揚され、憐れみ（dayā）の深い人々に対しては、神々も敬礼するといい、その立言は諸宗教に認められるに至った。[5]

従来伝統的保守的仏教である南方の上座部においては、後世になると十種の完全な徳（pāramī, pāramitā）を説いていた。それは、施与（dāna）、戒律（sīla）、出離（nekkhamma）、智慧（paññā）、精進（viriya）、忍ぶこと（khanti）、真実（sacca）、こころを確立すること（adhiṭṭhāna）、慈しみ（mettā）、平静（upekkhā）であるが、[6]ここでは慈しみの徳は多くの徳のうちの一つとして立てられているにすぎない。つづいて六種の完全な徳（パーラミター）の綱目が大乗経典のうちに説かれている。ところが、大乗仏教徒は、完全な徳というものは、すべて慈悲にもとづくものであるということを体得するに至った。ナーガールジュナは『施しと戒と忍ぶことと精進と〔禅〕定と智〔慧〕とは〔慈〕悲を体となす。[7]』という。

ナーガールジュナに由来する中観派と相対立する唯識派においては必らずしも慈悲が究極の徳として立てられていたわけではないが、[8]マイトレーヤ・ナータの著『求道者の階梯』（Bodhisattvabhūmi）においては、慈悲の意義を強調している。

『求道者（bodhisattva）は（次に説くような）四つの因縁によって、生きとし生けるものどもに対してあわれみ（karuṇā）に富むものである。もしも十方において、苦しみの知覚されないところの無限無辺なる世界が存在するとしても、求道者は苦しみをともない苦が知覚されるところの世界のうちに再び生れるのであり、苦しみの無い世界に生れるのではない。そうして（1）他人がいずれか一つの苦しみによって触れられ、襲われ、打ち克たれているのを見、また（2）自分自身がいずれか一つの苦しみによって触れられ、襲われ、打ち克たれているのを見る。さらにまた（3）他人或いは自分、或いは（4）その両者が長時間にわたる種々なるはげしい間断ない苦しみによって触れられ、襲われ、打ち克たれているのを見る。かくのごとく、この求道者が自らの定められた資格（種姓）に依拠することによって本性上賢なるが故に、これらの四つのよりどころである境地によって、たとい特に繰り返し習うことが無くても、弱き、中位の、或いはすぐれたあわれみの心を以て活動するのである。

求道者は（次に述べる）四つの原因によって生きとし生けるものどもに対するあわれみの心をまず起し、長時間にわたる種々なる、はげしくて間断なき生死輪廻の苦しみをさえも恐れることなく、おののくこともない。況んや小なる苦しみに対してはなおさらである。求道者は本性上勇健であり、しっかりしていて、力がある。これが第一の原因である。また求道者は聡敏であり、正しい思惟をなす性質であり、明察する力がある。これが第二の原因である。また求道者は無上正等覚に対するすぐれた信仰理解をそなえている。これが第三の原因である。また求道者は生きとし生けるものどもに対するすぐれたあわれみの心をそなえている。これが第四の原因である。[9]』

(1) サンスクリット文『法華経』二四四頁。『当於一切衆生起大悲想』(大正蔵、九巻三八頁中)。

(2) Mahāvyutpatti の中では、経名の一つとして「Tathāgatamahākaruṇānirdeśaḥ 示現如来大慈経、如来大悲経、大悲経」というものが挙げられている。この題名に相当する経典がチベット大蔵経のうちに存し、漢訳の『大哀経』に一致するものである。

(3) 『中論』一七・一。

(4) mitrebhavam 〔Tib. — mitrād bhavam〕 aviruddhaṃ sattveṣu yac cetas tan maitraṃ cetaḥ. (Prasannapadā. p.305, *l*.2.)

(5) 『問答宝鬘』二一。

(6) この十の完全な徳のことは、Jātaka I, p.73; Nidānakathā, vv. 125f.; Dhammapada-Aṭṭhakathā, I, 84 に出ている (Pali-English Dictionary of the Pali Text Society, p.77)。

(7) 『宝行王正論』(= Ratnāvalī) 正教王品第四。インド及びチベットの伝説ではこの書はナーガールジュナの著とされている。なお唯識派のほうでも、忍辱 (kṣānti) は悲 (karuṇā) にもとづいて起るという（Madhyāntavibhāgaṭīkā, p.207）。

（8）唯識説においては、慈悲は必らずしも絶対的意義を有しなかった。例えば『顕揚聖教論』成無性品においては、浄行境としての五種の一つとして慈悲を立てている（宇井伯寿博士『印度哲学研究』第六巻二七八頁）。

（9）Bodhisattvabhūmi, pp.16-17.

三　慈悲による救い

大乗仏教では仏の本質なるものも、かかる慈悲そのものにほかならぬと考えられた。『仏心とは大慈悲、これなり。』（『観無量寿経』[1]）また『法華経』には『如来は大慈悲あり。[2]』（嘱累品）といい、また『如来の室とは、一切衆生の中の大慈悲心これなり[3]。如来の衣とは、柔和忍辱心これなり。如来の座とは、一切法空これなり。[4]』とあり、天台宗では特に重視してこれを法華三軌または弘経《ぐきょう》三軌という。[5] そうして仏の大慈大悲が讃嘆されるに至った。[6]

仏が大慈大悲を本質としているものであるということは、日本の仏教でもそのまま説かれている。例えば、道元は『如来の慈悲深重なること、喩へを以ても量り難し[7]』といい、卍庵《まんあん》は『仏祖は始めより衆生を忘れず、大悲を起したまふ[8]』と説く。浄土教がこの点を強調していることは、言うまでもない。

ところで、仏の大慈大悲なるものは、普通のいわゆる慈悲とどこがちがうのであろうか？　この問題についてナーガールジュナは、仏の大慈大悲が、いわゆる単なる慈悲（四無量心のうちに含まれている）と異るということを論ずるために、さまざまの議論を述べている。

『問うて曰く、大慈大悲は、かくのごとくんば、何等か小慈小悲にして、この「小」によりて名づけて「大」となすや？

答えて曰わく、四無量心の中の慈悲を名づけて小と為し、ここにては十八不共法のうちに次第して説く大慈悲を名づけて大となす。また次に諸仏の心の中の慈悲を名づけて大となし、余人（＝その他の一般の人々）の心中の〔慈悲〕を名づけて小となす。

問うて曰わく、もししからば何を、菩薩が大慈大悲を行ずと言うや。

答えて曰わく、菩薩の大慈は仏の〔それ〕よりも小なるも、〔されど〕二乗の〔それ〕よりも大なり。これは仮りに名づけて大となすなり。〔しかるに〕仏の大慈大悲は真実にして最大なり。

また次に、小慈はただ心に念じて衆生に楽を与えんとするも、実には楽事なし。小悲は衆生の種々の身苦・心苦を観ずるに名づく。（それは、ただ衆生を）憐愍するのみにして〔苦より〕脱せしむること能わず。〔しかるに〕大慈は衆生をして楽を得しめんと念じ、また（実際に）楽事を与う。大悲は衆生の苦を憐愍し、また能く苦を脱せしむ。

また次に凡夫人・声聞・辟支仏・菩薩の慈悲を名づけて小となし、諸仏の慈悲を、名づけて大となす。

また次に大慈は大人（＝仏）の心中より生じ、十力・四無所畏・四無礙智なる十八不共仏法の大法の中より出で、能く三悪道の大苦を破り、能く三種の大楽を与う。大楽と人楽と涅槃楽となり。

また次にこの大慈は十方三世の衆生乃至昆虫に遍満し、慈しみもて骨髄に徹して心に捨離せず。三千大千世界の衆生が三悪道に堕せんに、もし人ありて一々皆代りてその苦を受け、苦を脱することを得しめ已りて、五つの所欲の楽・禅定の楽・世間最上の楽をみずから恣にこれらに与えて、皆満足せしめんも、仏の慈悲に比するに、千万分の中にて〔その〕一分にも及ばず。何を以ての故に。世間の楽は欺誑不実にして生死を離れざるが故なり。[9]』

けっきょく仏の大慈大悲が絶対的なものであり、人間的ないかなる慈悲よりも極めてすぐれたものであるということを主張するに尽きているのである。

もろもろの仏菩薩は慈悲心をもって衆生をあわれみ衆生をすくうために人間その他の種々なる身体を現ずる。[10]『大慈悲を以て一切苦悩の衆生を観察して、応化の身を示す。生死の園・煩悩の林の中に廻入して神通に遊戯す。[11]』例えば観世音菩薩は三十三身を現じて衆生済度にはたらく。『慈しみの眼もて衆生を視る[12]』といわれる。もろもろのぼさつのうちでも、観世音ぼさつは特に凡夫を救う慈悲のあらわれとして、涙して讃仰されている。[13] 観世音ぼさつは『法華経』による限り、いつまでも道を求める人(bodhisattva) であって、みずからは仏とはなっていない。ただ利他の行願に徹しているのである。地蔵ぼさつは六道のうちを輪廻して悪人をすくうことにみずからの身を投げすて、みずからはニルヴァーナの楽しみに入ることがないといわれている。

大乗の真実の求道者はニルヴァーナに入ることなく生死輪廻のうちにあって、生きとし生けるものどもに奉仕することが、その理想とされていた。

ナーガールジュナはいう、――『慈悲は仏道の根本なり。そのゆえはいかん。菩薩は衆生が老・病・死の苦しみ、身の苦しみ、心の苦しみ、今世と後世との苦しみなど、もろもろの苦しみに悩まさるるを見て、大慈悲を生じて、かくのごとき苦しみを救い、しかるのち発心して阿耨多羅三藐三菩提(=正しきさとり)を求む。また大慈悲の力を以ての故に、無量の阿僧祇(=数えることのできぬほど多くの)世の生死のうちの心より厭い没することとなし。大慈悲の力を以ての故に久しく、涅槃を得べきも証を取らず。ここを以ての故に、一切の諸の仏法のうちにて慈悲を大となす。もし大慈大悲無くんば、しからば早く涅槃に入らん。[14]』

唯識説の開祖マイトレーヤはいう。

『自己のうちに存する愛執（sneha）を智慧（の力）をもって残りなくすべて断じて、あわれみ（kṛpā）の心ある（仏）は、生きとし生けるものどもに対する愛情（sneha）の故に、寂静に赴くことはない。[15]』

右に対する註釈の序説的説明には次のように言う。『さてこの法界の道理によってみるに、勝義においてはニルヴァーナは輪廻にほかならない、ということが説かれた。何となれば二様に分けられるありかたによって、未だ確立されていないニルヴァーナ（不住涅槃）を証するが故に。けだし二つの理由によって区別無しに一切衆生にとって近くにあることと遠くにあることとがなくなるから、未だ（ニルヴァーナに）安住せざる境地に到達することだけを闡明している。その二つの理由とは何であるか。すなわち求道者は区別無しに一切衆生の近くには存在しない。何となれば智慧によって一切の渇愛の潜在的影響を断じてしまっているから。また遠くにも存在しない。何となれば大悲によってそれを捨てることがないからである。この方便は未だ本性の確立していない等正覚を得るためのものである。けだし、求道者は自利のために智慧によって一切の渇愛の潜在的影響を断じているから、ニルヴァーナに向うすぐれた願いは、あたかも偉大なニルヴァーナに向わない種姓の者のごとく、輪廻に向ってはたらき進むことはない。また大悲によって、苦しんでいる衆生を捨てないから、利他のために、輪廻のうちの努力はあたかも寂静一乗の種姓の者のごとく、ニルヴァーナに向ってはたらき進むことはない。かくしてこの二つの特徴が無上のさとりの根本すなわち基盤である。』

換言すれば絶対静の境地から動の境地に歩み出るということもできるであろう。仏教詩人マートリチェータは仏を讃していう――

『竜が呪文によって池から引き出されるように、おんみは悲《あわれ》みの心によって、ひとびとを導かんがために、寂静なる林から村の境にまで導かれる。(16)』

かかる慈悲の救いに対して、信徒は偏えに救済を呼びかける。仏教詩人シャーンティデーヴァは叫ぶ。

『かの慈悲（kṛpā）にみちて行じたまえる観世音に、

われは恐れおののいて哀れな声もて呼び叫ぶ。

かれは悪人なるわれを守りたまえかし。

聖なる虚空蔵と地蔵とに、また一切の大慈悲ある者（mahākṛpa）に救いを求めつつわれは心から叫ぶ。[17]』

「ニルヴァーナに住せず」という思想は、ヴェーダーンタ哲学のうちにもそれに対応するものを見出すことができる。ヴェーダーンタ学派の根本経典ブラフマ・スートラによると、ブラフマンの明知を得た人が全部解脱してブラフマンの世界に去ってしまうのではない。主宰神から任務を託せられた人々[18]は、その任務の存する限りこの輪廻の世界に存在しているという。[19]しからばその任務は何かというと、スートラには明言されていないが、バースカラによると「世間を恵み救うこと」[20]であり、シャンカラによると「ヴェーダを弘めること」[21]であるという。したがって極めて特殊な人々は、明知を得てもなお他の人々のために輪廻の世界にとどまるのであるが、しかし殆んどすべての個我はブラフマンの世界に安住してこの世に帰来することはないのであるから、ブラフマ・スートラの実践論の基調はどこまでも個人的な自利にあったというべきであろう。[22]

またプラーナ聖典によると、ヴィパシチット（Vipaścit）王は、子孫を得るつとめをなおざりにした罪によって死後地獄に堕ちた。やがてゆるされて出ようとすると、地獄の衆生がもう少し残って下さいと懇望した。そこで王は地獄にとどまり、地獄のすべての者どもが苦悩から脱するように切願する。その切願の故に、神々の王インドラはかれの願を叶えてやった。かれが天に昇ったときに、地獄の住者はすべて苦悩から救われたという。(23) ヴィシヌ神が数多くの化身（avatāra）を現じて生きとし生ける者を救うという思想も、やはり利他的なものと解することができる。

苦しみ悩める者どものために進んで悪趣に入るという思想は、このようにインド教などにも見られるが、しかし大乗仏教において特に顕著に説かれたといい得るであろう。生きとし生けるものどもを救うために、みずからは究極のニルヴァーナの境地に入らぬというのが、大乗仏教の求道者の理想とされていたが、他方では求道者がみずからは究極の境地に到達して、仏となって他の世界にあり、そこでは理想の国土を建設し、この世における信仰心ある一切の生きとし生けるものどもをそこに救い取るという思想があらわれた。かくして、成立したのが浄土教である。

浄土教を広義に解すれば、種々なる種類があるが、そのうちで代表的なものは無量寿仏（阿弥陀仏）の慈悲の観念である。無量寿仏は久遠の昔に法蔵びくとなづける修行者であったが、今は修行を完成して仏となって、西方の極楽浄土にまします。かつて修行者であった昔に、四十八の誓願（本願）を立てた。その誓願によると、たといいかなる悪人でも、無量寿仏の名号をとなえるならば、みなさとりを得て救われるようにしたいということである。いま法蔵びくは無量寿仏となってその誓願を実行しておられる。われら凡夫は救われるにちがいない、と説く。

浄土教は、無量寿仏が生死罪悪の凡夫をも救いとるという慈悲を強調することによって、東洋の一般民衆に深い精神的感化を及ぼした。ただインドの浄土教は、無量寿仏の慈悲を強調するよりも、むしろ極楽国土のうつくしさを説くほうに重点をおいていたような印象を与えた。インドの浄土教の経典[24]は極楽国土のうつくしさを説くのが主眼であり、論書[25]もそれに従っている。ところが日本の浄土教徒によると、浄土教こそまさに慈悲そのものを説く教えであるという立場をとっている。日本の浄土宗では聖道門が智慧門によって教を説くのに対して、慈悲門によって教を立てるのは浄土門であるという。また浄土真宗では、無量寿仏は、久遠実成の絶対者であり、絶対者である法界を慈悲とみなし、慈悲のはたらきがみずからを知らしめねばおかぬことになり、釈尊をしてこれを説かしめることとなり、かくして浄土教が説かれたのだと解する。

（1）　諸の如来は大悲（mahākaruṇā）を有するとされている（Laṅkāvatāra, p.233, *l*.2）。
『この衆生のための故に、大悲心を起す。』（『法華経』方便品）
『如来は普慈をもて哀愍して悉く度脱せしめたまう。』（『大無量寿経』下末）

『如来は無蓋の大悲を以て三界を矜哀す。』（同上）(mahākaruṇāpratipanna, p.4)
『諸仏は悲を体と為す。』（『鉄眼禅師仮字法語』示衆、岩波文庫本九七頁）

（2）『法華経』嘱累品。

（3）katamaś ca Bhaiṣajyarāja tathāgata-layanam | sarvasattvamaitrīvihāraḥ khalu punar Bhaiṣajyarāja tathāgatalayanam | tatra tena kulaputreṇa praveṣṭavyam |（荻原・土田両氏出版本二〇三頁）。またガーターでは『大慈悲を室となす』ともいう。

（4）『法華経』法師品。

（5）例えば源氏物語のうちに『慈悲忍辱の藤袴』とあるのは、ここの文に由来するということである。法華三軌は、実際問題として浄土真宗においても実践上の徳目の綱格として承認されている。『道心さへ堅固に忍辱の衣を着し、慈悲の座に居り法空の座に任せば、断岸千尺の山中も、怒濤万声の海辺もまたなんのくるしきことかあらん。峡猿の悲しく啼くときはきくに耐へず、山鬼の跳ところは見るに耐へずとは、それは浮世の人数のことなり。』（『浄土勧化言々海』巻下。後に引く内藤氏の論文二六六頁）。
真実の信心のある人は、悪鬼にも悩まされないのである。

（6）mahāmaitrīmahākaruṇādaśadiglokadhātu-spharaṇaḥ　大慈大悲徧諸十方世界。(Mahāvyutpatti 816); mahāmaitrīmahākaruṇāsamanvāgataḥ　具大慈大悲 (ibid. 836)。
なお次の文句から見ると、恐らく仏の大悲を慈悲と呼んだこともあるらしい。

『戒定慧知見生、三明道六通品発、慈悲十力無畏起、衆生善業因縁出』（『無量義経』偈）。

（7）『正法眼蔵随聞記』第三巻。

（8）『卍庵法語』（『禅門法語集』上、四二〇頁）。

（9）『大智度論』第二七巻（大正蔵、二五巻二五六頁中―下）。

（10）　大乗仏教の思想を事に即して徹底せしめた日本の中古天台の教理によると、われらの形は理と智と慈悲との三つよりなる。そうして理とは法身、智とは報身、慈悲とは応身のことであるという（宇井伯寿博士『仏教汎論』下、三四五頁）。かかる思想は禅宗にも継承されている。例えば、『心に慈悲あるを応身の仏と云ふ也。故に経に云はく、仏心と云は大慈悲心なり。心に慈悲なき者をば、邪見の人と名づけ、心に慈悲ある者をば応身の仏と名づくる也。』（『永平仮名法語』、『禅門法語集』中、三九二頁）。

（11）　『浄土論』（大正蔵、二六巻二三三頁上）。

（12）　原文には sarvasattvakṛpamaitralocana とある（荻原・土田両氏出版本三七二頁）。『観世音と大勢至とは大悲の音声を以て、それが為に広く諸法実相と罪を除滅するの法とを説く。』（『観無量寿経』末、下品下生の輩の説明）。

（13）　シナ禅宗の六祖慧能は『慈悲は即ち是れ観音、喜捨を名づけて勢至と為す。』という（『壇経』）。『観音十大願文』の中では『南無大悲観世音』と繰り返し、『観世音菩薩和讃』では、『帰命頂礼観世音、末法救世の功徳仏、十大願の慈悲ふかく、三十三に身を分けて、患難《なやみ》の多き世の中に、応現あるぞ有がたき。』
『南無や大悲の観世音』

と詠じている。観音と大悲とはつねに結びつけて考えられていた。例えば『いま道取する大悲菩薩といふは、観世音菩薩なり。』（『正法眼蔵』観音）『日比観音の大悲をたのみ』（『大梅山夜話』、『禅門法語集』中、六一一頁）。

（14）　『大智度論』第二七巻（大正蔵、二五巻二五六頁下）。また『楞伽経』でも同様にいう。『もろもろの如来は、衆生の苦楽に悩まされていて、一切衆生がもろもろの如来の力によってニルヴァーナに入らない間は、〔みずから〕大慈悲（mahākaruṇā）をそなえているが故に、法界に自在なる誓願の楽しみを捨てることがない。』（梵文二二三頁二行）。

(15) The Ratnagotravibhāga Mahāyānottaratantra-śāstra, ed. by E. H. Johnston and by T. Chowdhury. patna 1950, p.35.
(16) śāntād araṇyād grāmāntaṃ tvaṃ hi nāga iva hradāt | vineyārthaṃ karuṇayā vidyayevā-vakṛṣyase ‖ ——Śatapañcāśatka-stotra, 60.
(17) Bodhicaryāvatāra II, 51-52.
(18) ādhikārika.
(19) yāvad-adhikāram avasthitiḥ, Brahmasūtra III, 3, 32.
(20) lokānugraha.
(21) Vedapravartana.
(22) 拙著『ブラフマ・スートラの哲学』四九一頁。
(23) Mārkaṇḍeya-Purāṇa XV, 47-79. (Winternitz; History of Indian Literature, II, p.562f.)
(24) 浄土三部経はそのよい例である。
(25) ヴァスバンドゥの『無量寿経優波提舎願生偈』には『正道大慈悲、出世善根生』といい、また『廻向を首と為す』ことに関して『大悲心を成就するが故に』と説明しているが、この書では決して慈悲は中心的な観念だとはいえない（大正蔵、二六巻二三〇頁上—二三一頁中）。曇鸞の論註がその組織に従っているのは当然である（大正蔵、四〇巻八三五頁以下）。

第四節　シナ及び日本の仏教における慈悲の問題

慈悲の観念はシナ仏教を媒介として日本に移入せられた。シナ仏教においても、慈悲の観念が重要な意義をもっていることは、言うまでもない。[1] 慈悲に関するシナの仏教家の見解は、すでに部分的に散説したし、以下においてもまた言及するであろう。

ただここに注意すべき現象として、シナ民族の仏教として発展した禅宗では、慈悲の観念をさほど強調しなかったのではないか、と思われる。その証拠には、『信心銘』『証道歌』『参同契《さんどうかい》』『宝鏡三昧』のような有名な聖典に「慈悲」という語が一度もあらわれて来ない。さらに遡って達磨大師の教説とされているものにも、一向認められない。[2] 恐らくシナの禅宗は、道教その他古来の伝統的なシナ思想の影響を受けて、隠遁的諦観的となり、進んで慈悲行の実践につとめるということを閑却していたのではなかろうか。シナ禅宗史全般について検討してみた上でないと断定的なことは言えないが、筆者には何となくこのような印象を与えるのである。（ただしそれは決してシナの仏教徒一般が慈悲行を軽視していたということにはならない。シナで社会事業や教化活動が盛んに行われたことは、のちに述べるごとくである。）

ところが禅宗が日本に入ると、他の諸宗派におけると同様に慈悲行を強調するようになった。道元の場合には慈悲ということばをそれほど頻繁に用いていないが、[3] 臨済禅を日本に導き入れた栄西は、慈悲ということばを表面に出している。かれは禅宗が空を悪く執着したものではないか、という質問に対して、『外は律義もて非を防ぎ、内は慈悲もて他を利す。これを禅宗といふ。[4]』と答え、禅の修行者の心得としては、『まさに大悲心を起し、……大菩薩清浄妙戒を具し、広く衆生を度し一身のために独り解脱を求めず。[5]』と説いている。夢窓国師疎石や鈴木正三《すずきしょうさん》にあっては、従来の禅宗の隠遁的独善的態度に対する積極的な反発の意図が認められる。（これについては後に述べることとしよう。）また『無難禅師法語』には慈悲という語がしばしば現れるが「じひ」とかな書きになっている。これは無難が民衆との接触をめざしていたことを示している。ともかく同じ禅宗のうちでも、日本の禅僧、殊に民衆に接触することの多かった人々の間で「慈悲」の徳が積極的に唱導されたということは、日本人一般の古来の性情と照し合わせて考えるべき事実であろう。

日本仏教乃至日本思想における慈悲の観念については、次章において個別的に現実的な実践倫理と結びつけて考察してみたいと思う。

（1）シナでは「懺法《せんぼう》」を説いている書に「慈悲」の二字を冠したものが多くつくられた。梁代のものとして『慈悲道場懺法』十巻あり、唐代以後のもので『慈悲地蔵懺法』三巻、宋代に『慈悲水《すい》懺法』三巻、清代の西宗の集註した『慈悲道場水懺法科註』三巻、清代の智証の録した『慈悲道場水懺法随聞録』三巻がある。いずれも懺悔の儀式を述べているものである。

（2）宇井博士『禅宗史研究』三頁以下参照。

（3）あの大部な『正法眼蔵』のうちにも慈悲ということばは殆んど現われて来ない。かれにあっては、主として出家を許し法を伝えることが慈悲であった。『出家を許されたまふ、大慈大悲なり。』(『正法眼蔵』出家功徳)。しかし日常生活に関する道元の訓示には慈悲の精神が現われている。例えば「愛語」に関する訓示参照。

(4)　大正蔵、八〇巻七頁中。

(5)　同上、一二頁上。

第四章　慈悲の理論的基礎づけ

第一節　人は何故に他人を愛すべきか？

他人をいたわりいつくしむということが、実践倫理の基本的原理として要請されるということは、それ自身明らかなことであり、何ら疑を挿む余地の無いことであるかもしれない。しかしそれが何故に実践倫理の基本的原理としてかかげられ得るのであるか。

初期の仏教では、ひとは何人といえども自己を愛しているし、また愛しなければならぬ、という道理のうちに、道徳の成立する基本的地盤を見出している。すなわち、何人にとっても『自己よりもさらに愛しきもの』(piyataraṃ attanā) はどこにも存在しない。『同様に他の人々にもそれぞれ自己は愛し。故に自己を愛する者は他人を害すべからず(1)。』これと同じ議論はジャイナ教でも説かれている(2)。具体的に考えてみよう。例えば殺人が悪であるという理由を考えてみると、すべての人々は生を愛し、死をおそれ、安楽を欲しているから、自己に思い比べて、他人を殺してはならぬ、また殺さしめてはならぬのである。(3)

この理由づけは仏教特有のものであるらしい。マックス・ミュラーはいう。

『われわれは隣人をわれわれ自身として愛しなければならぬということを、仏教はまさにキリスト教のことばを以て教えている。では、何故そうせねばならぬのか？人類に対する熱意からではなくて、唯だ、隣人はわれわれ自身と同様であるから、というだけなのである。すなわちわれわれが苦しみ悩むようにかれらも苦しみ悩み、われわれが喜ぶようにかれらも喜ぶから。(4)』

この点に関する仏教の理由づけは平凡である。いかなる形而上学や神学の命題をも前提としていない。しかしそれだけに何人も承認せざるを得ない性質のものである。

『自己を護る人は他の自己をも護る。それ故に自己を護れかし。（しからば）かれは常に損ぜらるることなく、賢者なり。(5)』

自己を護ることが同時に他人の自己を護ることでもあるような自己は、もはや互いに相対立し相争うような自己ではない。すなわち一方の犠牲において他方が利益を得るというような自己ではない。むしろ他人と協力することによってますます実現されるところの自己である。自我の観念と他我の観念とを撥無した場合に、自己の利が実現されるのである。

『それらの人々は自我の観念に執着し、他我の観念に縛せらる。[6] 或る人々はこれを知ることなかりき。またそれを（束縛の）矢なりと見ざりき。しかるにこれを矢なりとあらかじめ見たる人には「われが為す[7]」という念も起ることなく、「他人が為す[8]」という念も起ることなし。（しかるに）それらの人々は、慢心（māna）を持ち、慢心の枷あり、慢心に縛せられ、もろもろの見解（diṭṭhi）において努むとも、輪廻を超ゆることなし。[9]』

かかる理想的な自己を実現するためには、もろもろの悪徳・煩悩の基体としての自己を滅却せねばならぬ。[10] 仏教の修行は自己の寂滅（sama attano）を目的としているのである。[11]『自己のニルヴァーナを修学せよ。[12]』と教える。『修行者は常にこころを統一して、自己のニルヴァーナを知るべし。[13]』修行者は『自己を滅せし者[14]』『自己を捨てたる者[15]』である。『聖者（muni）は内に喜びこころを統一し、鎧のごとき自我の存在（attasambhava）を破れり。』それはけっきょく『自己の離欲[16]』が完全に実現した状態をいうのであろう。

かかる悪徳や汚れにまとわれている低位の自己を制することが、実は勝義において自己の利をはかることであると同時に、他人の利と合致するのである。例えば仏教では他人が害を加えて来ても怒ってはならぬということを教えているが、怒らざる人は『自己と他人との利を行う』[17]のであるという。後世の大乗仏教においては、例えば、シャーンティデーヴァ（Śāntideva）の強調したような自他融合（parātmasamatā, parātmaparivarta）[18]の思想が前面に現われて来るが、それはこのような思想の発展した形態なのである。そうして中世インドの諸宗教のともに承認した倫理思想においては「自他の利益」をめざすことが至高の目的とされ[19]、真実（satya）とは生けるものの利益（bhūtahita）にほかならないと、明言されるに至った[20]。

（1）evaṃ piyo putthu attā paresaṃ tasmā na hiṃse paraṃ attakāmo, SN. I, p.75G.; Udāna V, 1.
散文の部分においてパセーナディ王がこの趣意を詳説している。
（2）Uttarajjhayana VI, 6.
（3）Dhp. 129-132.
（4）F. Max Müller: Buddhist charity（op. cit. p.453）
（5）yo ca rakkhati attānaṃ rakkhito tassa bāhiro |
tasmā rakkheyya attānam akkhato paṇḍito sadā ‖（AN. III, p.373 G.）
（6）ahaṅkārapasutā ayaṃ pajā paraṃkārūpasañhitā.
（7）ahaṃ karomi.
（8）paro karoti.

(9) Udāna VI, 6.
(10) 自己 (attan) を悪徳の根元であるかのごとくに説いている箇所がある (SN. I, p.207 G.)。
(11) AN. I, p.281 G. ただし荻原博士国訳 (南伝大蔵経) 四六八頁註九に採用するシャム本による。
(12) sikkhe nibbānam attano, Sn. 940, 1061.
(13) satataṃ bhikkhu samāhito jaññā nibbānaṃ attano, Udāna III, 5.
(14) abhinibbutatta, Sn. 343, 456, 469.
(15) attañjaha, Sn. 790.
(16) virāga attano, Dhp. 343.
(17) atthaṃ carati attano ca parassa ca, SN. I, p.162. G.; 163 G.; 222 G.; cf. 162 G. 叙事詩でもいう。『自分のことばかり考える人が、どうして他人に親切であり得ようか。』 (Mahābhārata XII, 143, 14.)。
(18) M. Winternitz: Geschichte der indischen Litteratur, II, S. 265.
(19) 『問答宝鬘』五。
(20) 同、一二。

第二節　自他不二の倫理

慈悲の実践とは、他の視点からみるならば、自己と他人とが相対立している場合に、自己を否定して他人に合一する方向にはたらく運動であるということができる。それは差別に即した無差別の実現である。したがって慈悲の倫理は、また自他不二の論理であるということができる。次に自他不二の論理をその歴史的連絡を顧慮しつつ考察してみたい。

このような思想の淵源は、遠く仏教以前にまでさかのぼり得るであろう。ウパニシャッドにおいては『汝はこの全世界なり』[1]と教え、『われは汝なり』[2]というのが、自他不二の論理の基礎にある確信となっている。バラモン教及びインド教の論理思想は結局かかる基礎的見解にもとづいているのである。

これに対して仏教においては、個々の人間を形而上学的実体と考えてそれらの間の同異関係を考究するということを拒否していたが、しかし自他の一体化をめざすということは、すでに述べたとおりである。大乗仏教徒であるシャーンティデーヴァ(寂天)は、修行者の理想は「自他平等」(parātmasamatā)であり、「他人を自己のうちに転廻せしめること」(parātmapari-vartana)をめざさなければならないという[3]。かれの言をまつまでもなく、自他互融ということは大乗仏教の実践理想であった。

自他一体の思想は古くからシナにも存在していたようである。すでに道家の系統においては古くから『万物を斉くすることを道となす』[4]と説き、荘子は「天均」すなわち「自然の平等」を尊重し、宋学においても、例えば張子は『民はわが同胞、物はわが与』[5]と教えている。しかしシナ古来の伝統的な思想系統においては、自他対立の問題がまだ充分に論理的に自覚されていないようであるが、隋唐時代の仏教教学においては、はっきりとした理論的自覚を以て表明されるに至った。天台宗によれば、実践的利他的行為を可能ならしめる根柢としての理は『自他不二』[6]であり、さればこそ『機に随って他を利する』ということが成立するのである。また華厳宗では『一即一切、一切即一』を説き、その思想がそのまま禅宗にも継承されている。[7]自他融即の思想は、シナの浄土教においても基本的教説となっている。曇鸞は『自から利するによるが故に能く他を利す。自から利すること能わずして他を利すること能うには非ざるなり、と知るべし。』と説くとともに、他方では『他を利するによるが故に能く自から利す。他を利すること能わずして能く自ら利するには非ざるなり、と知るべし。』[8]と説いている。そうしてこの教説は日本の親鸞によっても真実の理法として採用されている。[9]

日本の禅宗もまた慈悲の実践の成立する根拠を自他不二の理のうちに認めている。例えば道元は『自他一如』を強調し、『自他おなじく利するなり』という。[10]また鈴木正三はいう。

『自他無差別と知るは理也。慈悲心を専とするは義也。それ物我一体といへり、全く隔つべからず。何れの人も、我等が身を愛するが如くなるべしと知るべし。[11]』
また天桂伝尊は、自他平等観にもとづいてのみ慈悲の実践の成立し得ることを主張する。

『華厳経には、三界唯一心、心外無別法、心仏及衆生、是三無差別と説き玉ふ。生仏異見（＝衆生と仏とが異ったものであるという見解）を生じ、自他憎愛を作して取捨するは、仏弟子の用心にあらず。差別の揀択心なく、平等の慈悲心あるを真の仏子と云ふ。汝一人この自心を了知するとき、十方の有情非情、同時に仏智慧に証入するの道理彰々然たり。是の故に仏子たるものは、常に方便を以て仮令一人なりとも仏道に引入し、平等の慈悲心を発させしめ、法供養の義を知らしむ。日頃に貪着する財宝を喜捨して三宝に供養し、貧窮無福慧の衆生を救済せしめよ。[12]』

すなわち自己の心と他の生けるものとが究極の根柢においては無差別であるとともに、また両者は絶対者としての仏とも無差別なのである。

だから利他行としての社会的実践につとめる場合にも、近代西洋におけるように、個人としての他人を絶対他者と意識してそれにはたらきかけるという意識をもっていたのではなくて、むしろ自己と他人とが一体不二になるという意識をもってなされたのである。

ところでウパニシャッド乃至ヴェーダーンタ（Vedānta）哲学において説くような自他一体観が、真実の意味において実践を基礎づけ得るものであるという理由について、ドイセン（P. Deussen）[13]は次のように主張している。——キリスト教の聖書では「汝の隣人を愛せよ」と教える。しかしこの要請がわたくしの中にのみ起り、他人の中に起らないのは何故であるか？　ウパニシャッドによると、隣人は実は汝自身の自己なのであり、他人とわれとが離れた別のものであると思うのは、単なる迷妄（Täuschung）にすぎない。だから新約聖書とウパニシャッドとは、その文句の外面にこだわるのでなければ決して矛盾しない。キリスト教によると、人間はもともと罪の行いをなす本性のあるものであり、利己主義的なものである（ロマ書七・一八）。人間のなす一切の善は、神によって起されたものである（ピリピ書二・一三）。この教説が誤って人間の運命の予定（Prädestination）の意味に曲解され、そのために神と人との絶対の断絶を説くに至った。しかしそれはキリスト教の本旨ではない。パウロは神を霊より成る人（anthrōpos pneumatikos）と同一視し（コリント前書一五・四七）、またカントは、それ自体における物（Ding an sich）としての人間が現象としての人間に法則を与えるというところから、定言命法を導き出した。しかしこのような試みは、ウパニシャッドの偉大な思想に比しては到底問題とならぬものである、と。この批評は、古来の西洋の哲学及び宗教思想の一つの弱点をついたものと言い得るであろう。

この評価はまた一部のアメリカ人にも認められつつある。サンスクリット学者エジャートンは次のように述べている。『「他人を自分と同様に扱うべし」という黄金律は、キリスト教におけると同様にヒンドゥー倫理においても重要である。それはさらにひろげられている。何となればそれは獣にも適用されるからである。それは「生けるものを傷つけるなかれ」（アヒンサー）という教えの中にまとめられている。ところで自分の知る限りでは、キリスト教ではこの教えはただ思慮ある人間の自然の感情に訴えることにもとづいている。ヒンドゥー教ではそれは形而上学的な背景をもっている。すなわちそれは、各人の霊魂或いは真の自己は宇宙のそれと同一である（「汝はそれなり」）というウパニシャッドの教説からの論理的な帰結なのである。或るものに等しいものどもは互いに等しいのであるから、人は自分の自己を他人の自己と同一視すべきである。もし人が他人を害うなら、実は自分自身をそこなうのである。かくて黄金律は、論理的には反駁され得ないかたちで証明されたことになる(14)』と。この問題提起は将来の哲学乃至倫理学のために非常に重要であると考えられる。

しかしわれわれは、ここで考えてみなければならぬ。もしも自他不二であって、自己と他人とが同一の実体に属するものであるならば、他人をそこなうことは実は自己をそこなうというだけのことにすぎなくなる。しからば他人を害するということも、意に介する必要がないのではないか。他人を害してはならぬという命法がいかにして成立し得るか？　恐らく自己というものを実体視する思想にあっては、この難点を抜けきることができないであろう。だから（そのためとのみは断定できないかもしれないが）、原始仏教では自己（アートマン）を実体視する思想を排斥し、非我説（対象的なる何ものも真の自己ではないという思想）の立場に立って実践を基礎づけようとした。そうして真の自己は法（ダルマ）にかなった行為的実践のうちにのみ実現されるものであるということを強調した[15]。

だからかかる意味の自他不二は、同一次元に位置する二つの存在の融合ではなくて、対立する二つの存在のうち一方が自己を否定するという運動において実現する。

『偏えに利他のみをはかりて、自からのよりどころを顧みず。おお主よ。慈悲はおんみ自らに関してのみ無慈悲なのであろう[16]。』

かかる意味の自己の実現は、それぞれのその当事者にとっては、自己の否定であるにもかかわらず、より高次の視点から見ると、相対立している自己と他人とが自他不二の方向に向って合一するところに成立するわけである。それは対立的な両者がともに否定されることにほかならない。自他の対立は否定に裏づけられている。そこで慈悲の実践を基礎づけるためには、それの成立する根拠としての「空」の考察にまでつき進まねばならなかったのである。

（1）カウシータキ・ウパニシャッド一・六。
（2）同上、一・二。
（3）M. Winternitz: Geschichte der indischen Litteratur, II, S. 265.
（4）武内義雄博士『支那思想史』八二頁。
（5）『西銘』。
（6）天台宗では、「自他不二」は十不二門のうちの第七である。湛然『法華玄義釈籤』第一四巻（大正蔵、三三巻九一八頁中）、『十不二門』（大正蔵、四六巻七〇四頁）、知礼『十不二門指要鈔』上（同上、七一八頁上）。
（7）例えば『信心銘』。また『証道歌』には『一性円かに一切の性に通じ、一法徧く一切の法を含む。一月普く一切の水に現じ、一切の水月一月に摂す。諸仏の法身我が性に入り、我が性還つて如来に合す。』という。
（8）『浄土論註』下（大正蔵、四〇巻八四三頁下）。
（9）『教行信証』第二巻。
（10）『正法眼蔵』菩提薩埵四摂法。
（11）『反古集』（『禅門法語集』中、六四六頁）。
（12）『供養参』（『禅門法語集』上、四六三頁）。

(13) P. Deussen: Allgemeine Geschichte der Philosophie, 1, 2, S. 45-47.
(14) Franklin Edgerton: Dominant Ideas in the Formation of Indian Culture (Journal of American Oriental Society, vol. 62, 1942, p.155 f.)
(15) 原始仏教のかかる思想については、拙稿「苦」(岸本英夫教授編「不安について」『宗教論集』第二輯、青山書院、昭和二四年) 九四頁以下参照。
(16) parārthaikāntakalyāṇikāmaṃ svāśrayaniṣṭurā | tvayy eva kevalaṃ nātha karuṇākaruṇābhavet || —— Śatapañcāśatka-stotra 64 (ed. by D. R. S. Bailey, 1951)

第三節　空観はいかにして慈悲の実践を基礎づけ得るか？

一　慈悲と空観とは矛盾せざるや？

自他不二の倫理は、相対立する自己と他人とが究極の根柢としての否定においては同一のものであり、両者の対立はやがては否定せらるべき現象形態にすぎない、という前提のもとに成立する。

だから大乗仏教によると、有無の対立をはじめ一切の対立をはなれた境地から、慈悲行はおのずから現われて来る。はたらく主体とはたらかれる客体との対立もない。

覚るものと覚られるものとの対立もない[1]。真実の智慧という絶対的立場が、現象的世俗的立場のうちに開顕して来たときに「慈悲」となるのである[2]。

ところでここに西洋的知性の立場からしばしば論議される問題がある。それは、もしも大乗仏教のように諸法の空を説くならば、生きとし生けるものどもはすべて空となり、慈悲行ということが成立し得ないではないか、ということである。このような疑問は、すでに大乗仏教においても懐かれていた。そのあとが、ナーガールジュナの論書のうちに反映している。これについてかれは次のように説明している。

『もし諸法みな空ならば、しからば衆生も無し。誰かすくわるべき者あらんや。このときは〔慈〕悲の心すなわち弱し。或いは、時に衆生の愍れむべき（ものなること）を以てせば、諸法の空を観ること弱し。もし方便力を得ば、この二法（二つのこと）において等しうしてかたよること無からん。大悲心は諸法の実相を妨げず、諸法の実相を得れども大悲をば妨げず。かくのごとき方便を生ずるこの時、すなわち菩薩の法位に入って、阿鞞跋致地（＝不退転の境地）にとどまることを得[3]。』また日本でも恵心院の源信によって同様に問題とされている。

『問ふ。もし無常、苦、空等の観を作《な》さば、豈《あに》小乗の自《ひと》り調《みちをおさ》め自《ひと》り度《げだつ》するに異ならんや。

答ふ。この観は小〔乗〕に局《かぎ》らず、亦通じて大乗にも在るなり。「法華」に云ふが如し。

大慈悲をば室と為し　柔和忍辱衣《やさしいいからざるころも》をき
諸法の空をば座と為して　此に拠《すわ》つて法《のり》を説け

と。已上。諸法空の観、尚大慈悲心を妨げざるなり。何ぞ況や苦、無常等は、菩薩の悲願を催すを乎。[4]』

しかし源信の説明は、ただ『法華経』の文句を典拠として引いているだけであって、理論的な解決を与えていない。

ところでこういう考えかたは、インドでは仏教外でも表明されることがあった。詩人バルトリハリは、人間のあらゆることがらが無常であるということを述べたあとで、

『世の中（saṃsāra）をすべて実体のないもの（asāra）だと、さとき賢者は覚って、世間を益する（lokānugraha）に巧みな心もて努力を集中せよ。[5]』

という。

われわれは、この問題についてさらに考えて見なければならぬ。右に説かれていることからつきつめて考えてみるならば、実は空の立場を自覚してこそ、その慈悲行が

純粋のものとなるのである。大乗仏教の哲学者は、空観にもとづく無縁の慈悲というものをもち出した。すでに『観無量寿経』において『仏心とは大慈悲、これなり。無縁の慈を以て諸の衆生を摂したまう。』という。ところでこの「無縁の慈悲」[6]というものは、大乗仏教の思想体系においていかなる意義を有するものなのであろうか？

（1）『世間は生滅を離れたること、猶お虚空の華のごとし。智もて有無を得ずして、しかも大悲心を興す。一切の法は幻のごとくにして、心、識を遠離す。智もて有無を得ずして、而も大悲心を興す。断常を遠離して、世間は恒に夢のごとし。智もて有無を得ずして、しかも大悲心を興す。人と法とは無我にして、煩悩と及び爾炎（jñeya　知らるべき対象）とは、常に清浄にして無相なりと知りて、しかも大悲心を興す。

一切は涅槃無く、涅槃に仏あること無く、仏に涅槃あること無く、覚と所覚とを遠離す。もしくは有なりともしくは無有なりとも、この二つを悉くともに離る。牟尼を寂静なりと観たてまつれば、これ則ち生を遠離す。これを名づけて不取と為す。（しからば）今世・後世ともに浄なり。』（『楞伽阿跋多羅宝経』第一巻、大正蔵、一六巻四八〇頁上―中。梵文 pp.22-23 を参照しつつ国訳した）。

解脱の境地においては『大悲任運故、無レ能無レ所』（北宗残簡『禅宗史研究』四九〇頁）。

（2）『真諦是定、俗諦是恵、大智是定、大悲是恵。』（北宗残簡『禅宗史研究』四八七頁）。

（3）『大智度論』第二七巻（大正蔵、二五巻二六四頁上）。

（4）『往生要集』（花山博士訳註、岩波文庫本八二―八三頁）。

（5）かれに帰せられた疑わしい断片 saṃśayitaślokāḥ, v. 293. (D. D. Kosambi: The Epigrams Attributed to Bhartṛhari, p.116.)

（6）「無縁の大慈」という観念は、すでに『大乗本生心地観経』（第一巻）にあらわれている。そこでは十六大国の国王の夫人を列挙したあとで、これらの夫人は、『すでによく無量の正定に入り、衆生を度せんがために女身を示現し、三解脱を以て其の心を修習し、大智慧ありて、福徳円満なり、無縁の大慈・無礙の大悲もて衆生を憐愍すること、なお赤子のごとし。』という（大正蔵、三巻二九三頁上）。

二　三種の慈悲

大乗仏教の思想体系の理論的建設者であるナーガールジュナは、慈悲に三種類あることを認め、無縁の慈悲の究極者的性格を明らかにしていう。『慈悲心に三種あり。（すなわち）衆生縁（衆生を縁とするもの）と法縁（法を縁とするもの）と無縁となり。凡夫人は、衆生縁なり。声聞・辟支仏及び菩薩は、初めは衆生縁にして、後には法縁なり。諸仏は、善く畢竟空を修行するが故に、名づけて無縁となす。[1]』「無縁」とは「対象が無い」という意味である。理想としてはありとあらゆるものを平等と観じ、空性を認めるが故に、絶対の慈悲は対象をもたない。

ナーガールジュナはさらに他の箇所で詳しく論じている。

『愛し、憎み及び中〔間〕なる三種の衆生に正等にして〔差〕異なく、十方五道の衆生の中に〔同〕一の慈心を以てこれを視ること、父のごとく、母のごとく、兄弟・姉妹・子孫・知識のごとくす。常に好事を求め利益安穏を得しめんと欲す。かくのごとき心が十方の衆生の中に遍満す。かくのごとき慈心を衆生を縁とするものと名づく。多くは凡夫人の行処或いは有学人にして未だ漏の尽きざる者に在り。

法を縁とする〔慈悲〕を行ずる者とは、〔次のごとく〕諸の漏（＝けがれ）の尽きたる阿羅漢・辟支仏・諸仏なり。これらの諸聖人は吾我の相を破し、一異の相を滅するが故に〔衆生が〕ただ因縁より相続して諸欲を生ずることを観じ、以て衆生を慈念する時、和合せる因縁より相続して生ずるによりただ空なり、五衆（＝五蘊）すなわち衆生なり〔と観ず〕。この五衆を念ずるに慈念を以てす。しかるに衆生はこの法空なることを知らずして、常に一心に楽を得んと欲す。聖人はこれを愍れみて、意に随うて楽を得しむ。（これは）世俗の法のための故に名づけて法縁とす。

無縁とは、（次のごとし。）この慈はただ諸仏にのみあり。何を以ての故に。諸仏の心は有為・無為性の中に住せず、過去世・未来・現在世に依止せず、諸縁の不実・顚倒・虚誑なることを知るが故に、心に所縁なし。仏は、衆生がこの諸法実相を知らずして（天・人・地獄・餓鬼・畜生の）五道に往来し心が諸法に（執）著して分別取捨するを以て、衆生をしてこの諸法実相の智慧を得しむ。これを無縁と名づく。

譬えば貧人に給賜するに、或いは財物を与え、或いは金銀宝物を与え、或いは如意真珠を与うるがごとし。衆生縁・法縁・無縁もまたかくのごとし。これを、略して慈心の義を説くとなす。[2]』

ついで悲心も同様であると説明している。

ところでナーガールジュナは、この三種の慈悲のうちで特に無縁の慈悲に最上の意議を認め、それは空としての諸法実相に通達することによって成立すると説く。

『悲に三種あり。衆生を縁とするものと法を縁とするものと無縁のものとなり。この中にて、無縁の大悲を説いて（慈悲智を）具足すと名づく。いわゆる法性は空にして、乃至実相も亦空なり。これを無縁の大悲と名づく。菩薩は深く実相に入り、しかる後に衆生を悲念す。譬えば人に一子ありて、好き宝物を得ば、深心に愛念して（それに）これを与えんと欲するがごとし。[3]』

しかしまた或る場合には、大悲と畢竟空とを対立的な観念のごとくにあつかっていることもある。

『菩薩は常に大悲及び畢竟空を離るべからず。畢竟空を念じて世間の諸煩悩を破り、涅槃を示す。而して大悲もてこれを引いて還って善法の中に入らしめ、以て衆生を利益す。[4]』

つづいて『大パリニルヴァーナ経』等においても同様に、慈悲に衆生縁・法縁・無縁の三種の別があることを説く。

『慈に三縁（三種類の対象）あり。一には衆生を縁じ、二には法を縁じ、三には即ち無縁なり。……衆生を縁とする〔慈〕とは、五陰（＝個体を構成している五要素）を縁じてその楽を与えんことを願う。これを衆生を縁とする〔慈〕と名づく。法を縁とする〔慈〕とはもろもろの衆生の所須の物（＝用うべき物）を縁じてこれを施与す。これを法を縁とする〔慈〕と名づく。無縁の〔慈〕とは如来を縁ず、これを無縁と名づく。慈とは多く貧窮の衆生を縁ず。（しかるに）如来・大師は永（久）に貧窮より離れて第一の楽を受く。もし衆生を縁ぜば即ち仏を縁ぜず。法もまたかくの如し。この義を以ての故に、如来を縁ずる者を名づけて無縁という。

世尊よ。慈の所縁は一切の衆生なり。父母妻子親属を縁ずるがごとし。この義を以ての故に名づけて衆生を縁とする〔慈〕という。法を縁とする〔慈〕とは、父母妻子親属を見ず、一切法は皆縁より生ずと見る、これを法を縁とする〔慈〕と名づく。無縁の〔慈〕とは法相及び衆生相に住せず、これを無縁と名づく。[5]』

以上のもろもろの説明を要約してみると、次のように言うことができるであろう。

恐らく現実の社会において、多くの個人と個人とが対立している場面を意識しつつ慈悲を及ぼすことが「衆生を縁とする慈悲」であり、個人存在或いはそれと関連ある諸種の物を個別的な要素に分析して、それらは独立な実体でないと思って、執着を去って他人に何らかの物を与えて奉仕すること、すなわち小乗仏教における慈悲行、が「法を縁とする慈悲」であり、諸法実相である空（＝如来）を観じて行う慈悲が「無縁の慈悲」なのであろう[6]。

この三種の慈悲の説は、シナの仏教にも継承されている。天台大師智顗《ちぎ》は同様の見解を述べている。

『釈論（＝大智度論）に云わく、一に衆生を縁とする〔慈悲〕は、心に一切衆生を攀縁することなく（＝対象として実在視することなく）、しかも衆生において自然に（利）益を現ず。涅槃経に、われ実に往かず、慈善根力をもって能く衆生をしてかくのごときの事を見せしむというがごとし。二に、法を縁とする〔慈悲〕とは、心に法を観ずることなく、しかも諸法において自然に普く照らす。日の、物を照らすに分別するところなきがごとし。三に、無縁の〔慈悲〕とは、心に理を観ずることなく、しかも平等第一義の中において自然に安住す[7]。』

のちの天台宗のみならず[8]浄影寺慧遠もやはりこの三種の慈悲のことを詳説して

いる。[9]

しからば空から何故に慈悲心が生ずるのか？　天台大師によると、それは空の境地に到達した求道者が衆生の苦しみを見るからであると説明している。

『菩薩は何の意もて不生にしてしかも生ずるや？　（答う、）まことに一切の有漏の衆生は相続して断ぜざるによる、この故に菩薩は大悲を起し、自在に生るることを示してこれを度脱す。[10]』

このような見解によると、空が真理であるならば、衆生が苦しみ悩んでいるという事実もやはりそれと対等の真理であるということになるわけである。天台教学においては、空諦に対する仮諦の立場において慈悲の成立することを強調する。しかし「仮」ということばが示すようにそれは「仮りの真理」にすぎない。『四句（自から生ぜず・他からも生ぜず・ふたつよりも生ぜず・無因よりも生ぜず）ともに冥寂なりといえども、慈悲憐愍なるは、名相無き中において、名相を仮りて説く。[11]』衆生の苦しむすがたが仮りの真理であると解するだけでは、それは利他的実践に向って人を動かす促進力とはならない。天台宗が上層階級の支持を受けていたにもかかわらず、社会的実践の迫力において弱かったのも、かかる根拠に由来するのではなかろうか。

以上のような見解は、日本仏教においてもまた承認されている。夢窓国師疎石は同様に、衆生を縁とする慈悲、法を縁とする慈悲、無縁の慈悲を説き、法を縁とする慈悲とは、一切のありとあらゆるものは幻のごとくであると観じて起す大乗のぼさつの慈悲であり、無縁の慈悲とは如来の『本有性徳《ほんぬしようとく》の慈悲』であり、自然に生きとし生けるものどもをすくうのであるという（これについては後に詳しく紹介する）。ところで、生きとし生けるものどもを幻のごとくであると観ずるならば、いかにして慈悲行が成立し得るか、ということについて、次のような論議が交されている。

『問。実に生死の苦をうけたる衆生ありと見るにこそ、これをあはれむ慈悲もおこるべきにそれらは愛見の大悲ときらふことは何ぞや。若し一切衆生みな如幻なりと見る人は、いかでか慈悲もおこるべきや。』

『答。世間の乞食に二しなあり。或は本より非人の家に生れて、幼少よりいやしき者あり、或は本は貴人の家に生れて、思ひの外におちぶれたる人もあり。彼の二人の乞食の中に本は貴人なるが、らうらうして乞食となれるを見る時は、あはれむこころの起ること、本より非人なる者を見るよりも、ことさらにふかかるべし。菩薩の慈悲もかくのごとし。一切衆生本より諸仏と同体にして生死の相なし。無明の一念忽ちに起つて、生死なき中に生死の相を生ぜること、夢のごとく幻のごとし。然らば即ち大乗の菩薩の衆生を見ることは、貴人の家に生れたる人の、思の外におちぶれたるを見るがごとし。小乗の菩薩の実に生死にしづめる衆生ありと見て、愛見の大悲をおこすには同じからず。』

疎石と同様な思想を受けて、白隠もまたいう、『越えて無縁の大慈悲を発するは、一切衆生を利済せんが為なり。[12]』

盤珪は右の趣旨を独自の不生禅の立場から基礎づけている。かれによると、慈悲とは絶対者にあずかることであるが故に、したがってまた慈悲は人間的な愛着とも区別されるものがあるという、

『是れ観ずることの自在なるゆゑに、人を指て観自在菩薩と云ふなり。……菩薩は、慈悲第一とするなり。慈悲と云ふは、如何やうなることぞと云ふ中に、さてもあはれや、かなしやと云ふは、慈悲でもない。去るによつて、多くの人が慈悲と云ふ物を拵へんとする、それは愛見の大慈と云ひて、愛着に落ちたることなり。人々本徳にて拵へ起すことを用ひずして、仏と衆生と元より毛髪を隔てぬ故に、非道に犯しなやますべき衆生は、独りもなきなり。只本然として一切をさばくを大悲の光と云ふ。[13]』

すなわち慈悲とは人間の本然の性に復帰することであるということもできる。しかるに、愚人はこの本性を知らないで迷っているのである。盤珪は万物の自性が不生不

滅である所以を説いたあとでいう、『此の如く深く決定したる中には、一切善悪の境界に於て、ひとり自在なることなり。然るを善きことがあると、悪しき事があるものぢやと思ひ、順逆の時に、愛したり、悪んだりするは犬の影をほえるやうなることなり。是れを本来本具の大智般若を味すと云ふなり。(14)』

愛は憎しみに対立するが、慈悲は愛憎の対立を超越しているということができるであろう。

なお弘法大師の十住心の教判によると、無縁の大悲を起して、他の衆生を対象として、衆生済度の大行を行うものは「他縁大乗心」として法相家にあてられている。弘法大師はかかる見解を低い段階の思想と見なしていたのであるが、その真理性を否認したわけではない。(15)

しからば浄土教ではこの問題をどう考えていたか。

慧心僧都《えしんそうず》は、四弘誓願に二種ありとして、

『一には、事《ものがら》を縁とする四の弘き願なり。これ即ち、衆生を縁とする慈なり。或ひはまた、法を縁とする慈なり。二には、理を縁とする四の弘き〔願〕なり。これ、縁とするものなき慈悲なり。』

という。そのうちで事を縁とする四の弘き誓願とは、『衆生ははてし無からんも誓つ

て願はくば度《すく》はんことを』と誓うことをいう。これに対して、理を縁とする誓願については、

『一切の諸法は、本よりこのかた寂静なり。有るにも非ず、無きにも非ず。常なるにも非ず。断なるにも非ず。生れもせず、滅びもせず、垢れてもなく、浄くもあらず、一の色・一の香も中道に非ずといふこと無し。生死は即ち涅槃なり。煩悩は即ち（中略）これ八万四千の諸波羅蜜なり。無明の変じて明となるは、氷を融かして水と成すがごとし。さらに遠き物に非ず、よそより来るにもあらず。ただ一念の心に普く皆具足すること、如意珠のごとし。宝あるにも非ず。宝なきにも非ず。もし無しと謂はば、即ち、妄語なり、もし有りと謂はば、即ち邪見なり。心を以て知るべからず。言を以て弁ずべからず。衆生は、この不思議、不縛の法の中において思想して縛を作し、無脱の法の中においてしかも脱を求む。この故に、普く法界の一切衆生において、大なる慈悲を起し、四の弘き誓を興す。これを、理に順へる発心と名づく。これ、最上の菩提心なり⑯。』

これに類した慈悲観はもともと浄土教のほうではすでに古くシナの曇鸞によって説かれ、また日本の親鸞によって採用されている。曇鸞は三種の慈悲を区別している。

『慈悲に三縁あり。一には衆生を縁とするもの。これは小悲なり。二には有縁のも

の。これは中悲なり。三には無縁のもの。これは大悲なり。大悲は即ち出世（＝世間を超出せる）の善なり。安楽浄土はこの大悲より生ぜるが故なればなり。故にこの大悲を謂いて浄土の根と為す。[17]』

そうしてかれは説いていう。

『実相を知るを以ての故に、三界の衆生の虚妄の相を知るなり。衆生の虚妄を知れば、真実の慈悲を生ずるなり。真実の法身を知るは、真実の帰依を起すなり。[18]』

この見解を親鸞はかれの『教行信証』のうちに引用し、承認している。だから真実の慈悲は最究極者に対する認識をともなったものでなければならない。浄土真宗の伝統的教学でも、『ただ智慧なき慈悲は愛見の慈悲で、実の慈悲ではない。[19]』と説いている。

けっきょく大乗仏教が真実の徳としてまた真実の真理として強調したところは、諸法の空ということであった。

〔例えば如来の三十二種の大悲として数えられるものも、けっきょく諸法の空をさとらせるということにあった。比較的にわれわれの現実の実践生活に触れた具体的な規定としては、盗みをいましめ（二六）、不正の生活をいましめ（二八）、評判にとらわれるな（二九）、家に執着するな（三〇）などと教えている程度にすぎない。[20]〕

諸法の空なることを体得したならば、慈悲はおのずから顕現すると考えていたのである。

慈悲とは自己を捨てて全面的に他の個的存在のために奉仕することである。それは現実の人間にとっては容易に或いは永久に実現されがたいことであるが、しかも人間の行為に対する至上の命法として実行が要請される。他の個的存在のための全面的帰投ということは、自己と他者との対立が撫無される方向においてのみ可能である(21)。そうしてそのことは自己と他者との対立が、実は究極においては否定に裏づけられているということを前提としてのみ成立し得る。対立は空なのであり、空においてのみ対立が成立する(22)。

この理法は、われわれの現実の生活に即して考えるならば、容易に理解することができる。例えば、われわれが或る一人の他人を極度に憎悪しているとしよう、その限りにおいてわれわれの憎悪している他人は、われと対立しているわけである。しかしその他人の憎悪さるべき存在が空観によって否定され、眼に見えぬ本来の人格がこのわれと向き合うことになるならば、そこに対立もなく、憎悪の感も消失するであろう。ここに愛憎を越えた慈悲が実現されるのである。

（1）『大智度論』第四〇巻（大正蔵、二五巻三五〇頁中）。なお他の箇所では、次のようにいう、『畢竟空の大なるを以ての故に、悲を生ずることも亦大なり。大悲は阿差末経の中に説くがごとし。三種の悲あり、〔すなわち〕衆生縁と法縁と無縁となり、無縁の悲は畢竟空より生ず。』（『大智度論』第五四巻、大正蔵、二五巻四四二頁上）。

（2）『大智度論』第二〇巻（大正蔵、二五巻二〇九頁中—下）。

（3）同、第五〇巻（同、四一七頁中）。

（4）同、第五三巻（同、四四一頁下）。

（5）『大般涅槃経』（北本）第一五巻（大正蔵、一二巻四五二頁中）、（南本）第一四巻（同、六九四頁下）。

（6）親光の『仏地経論』第五巻（大正蔵、二六巻三一四頁中—下）では、慈に三種ありとして有情縁・法縁・無縁を挙げている。

有情縁の慈——初発心位の諸の菩薩等が多く修す｝多くは有漏
法縁の慈——修正行位の諸の菩薩等が多く修す
無縁の慈——得無生忍の諸菩薩等が多くこれを修す

なお三種の悲のことは『大方等大集経』第二四巻（大正蔵、一三巻一六九頁上以下）聖目品第六でも論ぜられている。

（7）智顗『観無量寿仏経疏』下（大正蔵、三七巻一九二頁下）。

（8）蒙潤『天台四教儀集註』中本、二五枚。

（9）『悲に三種あり。一には衆生縁の悲なり。苦しめる衆生を縁じて済抜を為さんと欲す。如地経に依るに、諸の衆生が十二因縁によって生死流転するを観じて悲心を起す。地持論に依るに、諸の衆生の百一十の苦しみを縁じて悲心を修す。二に法縁の悲なり。諸の衆生がすべて五陰・因縁の法数にして無我無人たることを観じて悲心を起す。

無我の人を観じていかんが悲心を起すや。釈するに両義あり。一には衆生が妄〔心〕により我人〔の執着〕に繋縛せられ、生死の苦を受くるを念じて、深く哀愍すべきが故に悲心を起す。二には衆生のためにかくのごとき法を説く。これは真実に衆生の苦しみを抜く。故に、名づけて悲と為す。三には無縁の悲なり。諸の衆生の五陰の法数が畢竟空寂なることを観じて悲心を起す。

法の空寂なるを観ずるに、いかんが悲を起すや。また両義あり。一には衆生が妄〔心〕により〔実〕有なりとみなす法に纏縛せられ、生死の苦を受くるが故に、悲心を起す。二つには衆生のためにかくのごとき法を説く。これは真実に衆生の苦を抜く。故に、名づけて悲と為す。

慈もまた三つあり。一つには衆生縁の慈なり。諸の衆生を縁じてそれに楽を与えんと欲す。二つには法縁の慈なり。諸の衆生はただ五陰・因縁の法数にして無我無人なることを縁じて、慈心を起す。三には無縁の慈なり。一切の法は畢竟空寂なりと観じて慈心を起す。法縁と無縁とはいかにして慈を起すや。釈は悲と同じ。』(『大乗義章』第一四巻、信等十行義、大正蔵、四四巻七四三頁中)。なお同、第一一巻及び同じく浄影寺慧遠『観無量寿経義疏』巻末(大正蔵、七巻一八一頁上)参照。

(10) 『摩訶止観』五下(大正蔵、四六巻六〇頁中)。
(11) 『摩訶止観』五上(大正蔵、四六巻五四頁下)。
(12) 白隠『さし藻草』(『禅門法語集』中、一七五頁)。
(13) 『心経抄』(『禅門法語集』下、一一七頁)。
(14) 同、一一〇頁。
(15) 宇井伯寿博士『仏教汎論』下巻二三八頁。
(16) 『往生要集』(花山博士訳註、岩波文庫本一四六—一四八頁)。
(17) 『浄土論註』上(大正蔵、四〇巻八二八頁下)(『教行信証』五に引用されている)。
(18) 『浄土論註』下(大正蔵、四〇巻八四二頁上)(『教行信証』四に引用されている)。

(19) 香月院深励師『教行信証講義』(仏教大系本三七五二頁)。

(20) Mahāvyutpatti §10. その出典は荻原博士がその註記のうちに明示されている。

(21) ただし唯識説においては、その哲学的立場の故に、甲の人が教を説いて乙の人がそれを聞くという交渉関係がいかにして成立し得るか? 唯識哲学においては、これは面倒な問題となり、ここに説法家と不説法家とが分れた。不説法家は仏の慈悲本願が増上縁となるにすぎないという(詳しくは宇井伯寿博士『印度哲学研究』第五巻四八―四九頁参照)。なお他人の存在の論証の問題はダルマキールティによっても論ぜられている〔Santānāntarasiddhi, ed. by Th. Stcherbatsky. これはチベット訳のみ存する。その議論についてはStcherbatsky: Buddhist Logic, vol.I, p.521 f. 参照〕。

(22) 空観はいかにして慈悲の実践を基礎づけ得るか? この問題について解答を与える最も重要な書はナーガールジュナの著と伝えられるラトナーヴァリー(Ratnāvalī、漢訳『宝行王正論』)であろう。この書においては空観にもとづく慈悲行としての国家指導、社会政策等の問題について詳しく論ぜられている。わたくしは他日この書について詳細に検討してみようと思うが、ただ、シナ・日本の仏教には殆んど影響のない書であるから、いまここではその検討を省略した。

三 慈悲という意識を超越した実践

慈悲は空観にもとづいて実現されるのであるから、慈悲の実践をなす人は「自分は慈悲を行っているのだ」という高ぶった、とらわれた心があるならば、それはまだ真の慈悲ではない。慈悲の実践は、慈悲の実践という意識を越えたところにあらわれる。

『われなお慈悲心を起さず。何んぞ況んや毒害心をや。[1]』

この道理を、至道無難禅師はよく説明している。

『物にじゆくする時あるべし。たとへばちひさきとき、いろはをならひ、世わたる時、文書くにもろこしの事も書きのこす事なし。いろはのじゆくするなり。仏道も修行する人、身のあくを去るうちはくるしけれども、去りつくしてほとけになりて後は、何事もくるしみなし。又慈悲も同じ事也。じひするうちは、じひに心あり。じひじゆくするとき、じひをしらず。じひしてじひをしらぬとき、仏といふなり。』

『じひはみなぼさつのなせるわざなれば

　身のわざはいのいかであるべき。[2]』

『主に忠おやには孝をなすものと

　しらでするこそまことなりけれ[3]』

すなわち現象的な自己を無に帰したとき、慈悲が絶対者からあらわれるのである。そうして慈悲行は個我のはからいではなくて、個我を超えた絶対者から現れ出るものなのである。

かかる態度を盤珪は、不生禅の立場から基礎づけている。すなわち万象は夢のごとく空中の華のように空無なるものであるということを説いたあとで、次のように

いう、

『是れを慥に知つたる時は、日用一切一切の上で空華をしり、夢としつて取りもせず捨てもせず、吾にたがふたるは、夢の差ひとしり、順したることは、夢の順なりと知て、差ふことを憎まず、順したるを愛せず、憎むまい愛すまいと云ふ用心もせず、金銀財宝も、その如く捨てもせず欲もなく、ありの儘でさばく時には、鳥の虚空をとぶ時、空の中に鳥の足跡なきが如く、魚の水におよぎてさはりなきが如し。親をば親の如く、子をば子の如く、兄弟妻子他人知人、只それぞれの儘でたがひもせず、何の子細もなきなり。去るに依て、道元和尚も、「水鳥の行くも帰るも跡たえてされどもみちはたがはざりけり」と詠ぜられたる如くなり。[4]』

空の倫理とは、鳥が大空を飛ぶように、他のものにもとらえられず、自由なこころもちで行動することである。各自が私心や欲望を去って、普遍的なあるべき理法にしたがい、自己の自由を確保することによってこそ、道徳が守られる。

慈悲は他者に対してのみあらわれるものであるから、その具体的な顕現のすがたは他人に対して何ものかを与えるということになる。『檀（dāna 与うること）は慈相たり、よく一切を救ふ。[5]』しかし他人のために何ものかを与え奉仕するということも、空の精神にもとづいて行われねばならない。

したがって、ときには慈悲と施与とが殆んど同義に解せられていることがある。[6]

後代の仏教においては、他人に対する奉仕に関して特に「三輪清浄」ということを強調する。奉仕する主体（能施）と奉仕を受ける客体（所施）と奉仕の手段となるもの（施物）と、この三者はともに空であらねばならぬ。とどこおりがあってはならぬ。[7]もしも「おれがあの人にこのことをしてやったのだ」という思いがあるならば、それは慈悲心より出たものではない。真実の慈悲はかかる思いを捨てなければならぬ。かくしてこそ奉仕の精神が純粋清浄となるのである。

潮音は財施・法施・無畏施の三種の施与のことを説いたあとで、『惣じて慈悲の心より三つの施を行ずべし。慳貪の心、高慢の心、名利を求むる心にて布施すれば功徳少し。施者・受者・施物の三つに、物我一体の道理を知りて布施すを、三輪空寂の布施とは云ふ也。三輪空寂の布施は、一粒の米十方に遍満する功徳あり。[8]』と説いている。

（1）『大乗北宗論』（宇井博士『禅宗史研究』四四七頁）。
（2）『無難仮名法語』（『禅門法語集』上、三三一―三三三頁）。
（3）同上、上、三三六頁。
（4）『心経抄』（『禅門法語集』下、一二二頁）。

（5） 潮音『霧海指南』（『禅門法語集』下、一四八頁）。

（6） 慈悲はもの惜しみと反対に解せられる。
『復た仏の慈悲を学し、諸の慳悋なし。』（『摩訶止観』五上、大正蔵、四六巻四九頁上）。

（7） 『心地観経』第一巻に『能施所施及施物、於㆓三世中㆒無所得。我等安㆓住最勝心㆒。供㆓養一切十方仏㆒。』という偈があり、「三輪清浄偈」と呼ばれている。また同経第七巻には『三輪清浄是檀那、以㆓此修因㆒徳円満』という。

（8） 潮音、前掲書、一四八頁。

第五章　慈悲の倫理的性格

慈悲は日本では「いつくしみ」「あわれみ」「なさけ」などと解釈され、またしばしば儒教における「仁」、西洋における「愛」に比せられる。しかし、すでに考察したところからも明らかなように、慈悲はこれらの観念とは非常に類似したものでありながら、しかもそれらとは異った意義内容を有することがある。以下においては、慈悲の特性として若干の注目すべきものを検討することとしよう。

第一節　慈悲の無差別性

一　愛を超えたもの

西洋の伝統的な倫理思想においては、実践の基本的原理は「愛」の理念であるとされている。仏教でも、すでに述べたように他人を愛することを教えている。しからば慈悲と愛とはどう違うのであろうか？　慈悲はいわば純粋の愛とでもいってよいものであろうが[1]、いわゆる普通に理解されている愛というものと純粋の愛としての慈悲との間には、厳とした区別の存することを、われわれは認めなければならぬ。

愛とは区別さるべき慈悲というもののあることを認めて、近代インドの宗教運動家ラーマクリシュナ（Ramakrishna　一八三六―一八八六）は次のようにいう。『慈悲（charité）と自愛心（l'amour-propre）[2]との区別は何であろうか。慈悲はすべての人々に及ぶ愛であって、自分や、自分の家族や、自分の宗派や、或いは自分の国にのみ限られないものである。本来の愛は自分や、自分の家族や、自分の宗派や、自分の国への執着である。ひとを高め神に向って導く慈悲心を養え！[3]』という。これについてロマン・ローランは次のように批評する、『真の慈悲、それは実際は、ラーマクリシュナにとっては、すべての人の中に宿る《神の愛》である。何となれば神は人間の中に化身するからである。もしも人間の中の神を愛するのでなければ、人間を充分に愛することができない。したがって人間を助けに来ることができない。逆にいうならば、各人の中に神を見ない限りは、十分に神を知ることができない[4]。』

慈悲の精神は必らずしも仏教においてのみあらわれるものではない。それは部分的には他の宗教においてもまた説かれているところのものであり、右に述べたように近代インドの宗教家によってまためざされているのである。しかし仏教は最究極の立場に立ってこれを把捉したと言い得るであろう。この事実を以下において検討しようと思うのである。

（1）　献身的に実践につとめた仏教家はこのように解していたようである。弁栄聖者《べんねいしょうじゃ》は次のように説く、『仏陀は無我と云うも実は大我なので、愛の真の拡張を教えた。仏陀の涅槃は愛の絶頂である。何故なれば、愛の究極は矢張り愛である。』ところでかれは信仰よりも愛に優越性を認めているかのごとくである。『信あれども愛なくば鳴らぬカネの如し』（『御慈悲のたより』上、一四―一六頁）。かれのいう愛とは慈悲の現代語的表現なのである。「信」を強調する日本の浄土教の中から、「信」に併立するものとして「慈悲」を強調するかれのような宗教家の出たことは、驚くべきことである。

（2）　l'amour-propre = l'amour de soi = Selbstliebe. 故に「自愛心」とか「利己心」と訳すべきものである。これは川田熊太郎教授の御教示による。同教授はこの語につき、左記のような懇切な教示を筆者に書信で与えられた。慈悲の問題と関係があるので、次に掲載したい。

Amour de soi: sentiment naturel qui attache chaque homme à ce qui lui est personnel.

Amour-propre: amour de soi, considéré comme un sentiment excessif pour soi et de préférence sur les autres; opinion avantageuse de soi-même. Il faut ménager les amour-propres. L'amour-propre est le plus grand de tous les flatteurs, La Rochef. (Littré et Beaujean: Dictionaire de la Langue Française, Paris 1929, seizième édition, p.32.)

amour-propre, 自愛心、利己心（白水社版模範仏和大辞典、二九版、p.1561: “propre” の項下）。

——しかし、同書、p.72: amour-propre, 自尊心、自負心。

Kant の Grleg. zur Met. d. S. (philos. Bibl. SS. 41-42) の Zweiter Abschnitt の第1節の Selbstliebe を H. Yachelier は "égoïsme" (E. Kant; Fondement de la Métaphysique des Moeurs, p.31) とし、第二節の Selbstliebe を amour de soi (ib. p.32) と訳している。

同じく Kant の Kr. d. r. V. のうちに出て来る Selbstliebe を François Picavet は "amour de soi" と仏訳している (Critique de la Raison Pratique par Emmanuel Kant, Paris 1921, p.41.)。

(3) Evangile de Ramakrishna, I, p.261.

(4) Romain Rolland: La vie de Ramakrishna, p.213.

二　感性的愛との差違

まず、いわゆる愛は、感性的なものであって、ややもすれば醜いものよりも美しいもののほうをより多く愛するようになる。これは、人間について一般に認められる現象であるが、人間が感性的存在としての側面を有する以上、人間の性情としてやむを得ぬものであろう。

ところでこの問題に関して、慈悲の立場に立つと二つの態度が要請される。すなわち、(一) 自分に対しては感性的なものを無視しなければならぬ。しかし、(二) 他人に対しては、その人のもつ感性的なものを顧慮し尊重しなければならぬ。これはまことに人間存在の不思議な構造である。自分に対しては厳格なれ、ひとに対しては寛大なれ、という態度はここに成立するのである。まず（一）慈悲を体しようとするならば、われわれは感性的な好悪を超越して、あまねくひとびとを愛しなければならぬ。至道無難禅師は次のように教える。

『或る人仏道につとめ久しけれども、其身苦絶えず、いかがせんと問ふ。予委に聞くに、「坐禅してたまたま如来になれども、坐を去れば本のごとし」〔と答ふ。〕予云はく、物に向ふに三色《みいろ》あり。物に向ふ時移るばかりは直心也。老衰の人にむかひ哀れに見るは仏心なり。慈悲心なり。老衰の人にむかひ、きたなくにくきは身の悪念なり。身の苦に離れざるは常の修行あやまる故なり。(1)』

すなわち慈悲の立場にあっては、自分は人間的な美醜好悪《こうお》の情念を超越せねばならぬのである。それは人間にとって為し難いことであろう。しかし要請としてわれわれに課せられるのである。（二）ところが反対に他人がもっている感性的な感情欲望などは尊重されねばならない。だから人の感官を楽しませる芸も展開されねばならない。

『無上の静寂に住するも、おんみは慈悲に専一なるにより、歌謡の技にも足を踏み入れさせられた。(2)』

慈悲の立場に立つと世俗的・現世的なものを肯定し得る理論的な根拠は、こういう点に存すると考えられる。

（1）『無難禅師仮名法語』（『禅門法語集』中、三六二―三六三頁）。
（2）paramopaśamastho 'pi karuṇāparavattayā | kāritas tvaṃ padanyāsaṃ kuśīlavakalāsv api ‖ ―― Śatapañcāśatka-stotra 62.

三　慈悲を修してはならぬ場合

慈悲が、感性的なものをも肯定し得るが故に、感性的なものに溺れている人にとっては、慈悲を修してはならぬ場合があるということが説かれている。すなわち、慈悲の観法は、心に瞋恚の高ぶっている人にとっては必要であるが、貪愛の強い人にとっては不適当であるというのである。

『されど、瞋恚の過によりて心が揺らぐときには、わが身に（その害を）適用してみて、慈（maitrī）を修せよ。

慈は、憎しみを性とする者をしずめるのに効があるからである。胆汁性の人に冷却法の効があるようなものである。[1]』

『もしも瞋恚（vyāpāda）または害意（vihiṃsā）が汝の心を揺るがすならば、濁った水を宝珠によってきよめるように、それを対治する力によって、（心を）清く澄ましめよ。

両者を対治するものは、まさに慈（maitrī）と悲（kāruṇya）とであると知れ。

両者がつねに対立するのは、光と闇とのごとくである。[2]』

『また貪愛（rāga）がたかぶるによって心がみだされる時は、慈をひき起す方法（maitropasaṃhāravidhi）を修するなかれ。

貪愛を性とする者は慈によって迷う（muhyati maitrayā）がゆえに。あたかも痰になやむ者が油性剤を用いて（苦痛を増すが）ごとし。[3]』

『意のはたらきが迷い（moha 癡）に縛せられているならば、慈観と不浄観（maitrā subhācaiva）とは、行うに適しない。

それによって、より深く迷いに入るからである。あたかも風性の人が収斂剤をとれば（より深く無意識におちいる）ようなものである。

意のはたらきが迷いを本性とする時には、むしろ縁起性（idaṃpratyayatā）を観ずべし。[4]』

そうしてこういう態度はまた大乗仏教にも継承されている。ナーガールジュナは慈心というものを個別的な一種の精神療法と考えている。すなわち怒りっぽい人には慈心を涵養させる必要があるが、貪欲のある人が慈心を起すと却って貪欲を増すから、いけない、というのである。

『対治悉檀とは、法あり、対治するときは則ちあるも、実性は則ち無きなり。譬えば重き熱膩酢鹹の薬草・飲食等は、風病の中においては名づけて薬と為すも、そのほかの病においては薬に非ず。もし軽き冷甘苦渋の薬草飲食等ならば、熱病においては名づけて薬と為すも、そのほかの病においては薬に非ず。もし軽き辛苦渋熱の薬草飲食等ならば、冷病の中においては名づけて薬となすも、そのほかの病においては薬に非ざるがごとく、仏法の中にて心病を治するもまたかくのごとし。不浄観の思惟は、貪欲病の中においては名づけて善き対治の法と為すも、瞋恚病の中においては名づけて善と為さず。対治の法に非ざればなり。所以はいかに。身の過失を観ずるを不浄観と名づくるものなれば、もし瞋恚の人にして過失を観ずれば、則ち瞋恚の火をますが故なり。慈心を思惟するは、瞋恚病の中においては名づけて善き対治の法と為すも貪欲病の中においては名づけて善となさず。対治の法に非ざればなり。所以はいかに。慈心は衆生の中において好き事を求め功徳を観ずるものなれば、もし貪欲の人にして好き事を求め功徳を観ずれば、則ち貪欲をますが故なり。[5]』

この見解は天台宗始めシナの仏教にも継承されている。[6]

右の立言は慈しみが貪欲とつながるものがあるという事実を明らかにしている点で

興味がある。慈しみとは人間的な愛情にもとづいているが、人間的な愛情は同時に欲情に転化する危険をはらんでいるのである。

（1） Saundarananda XVI, 62.
（2） ibid. XV, 12-13.
（3） ibid. XVI, 59. dayā を排斥することもある（svadehe dayāṃ tyaktvā..., MBh. XII, 145, 12-13）。
（4） ibid. XVI, 63-64.
（5）『大智度論』第一巻（大正蔵、二五巻六〇頁上—中）。
（6） 例えば『天台四教儀』中本、二五。またかかる見解は、はるか後代の大乗仏教にまで継承されている。例えば『大乗中宗見解』においては、次のようにいう。『経の所説のごとし。貪多き衆生には不浄観を以て対治をなし、瞋多き衆生には慈悲観を以て対治を為し、癡多き衆生には因縁観を以て対治を為し、生死を免れしむ。』（宮本正尊教授『根本中と空』二五三頁）。

四　人間に対する平等

慈悲が愛から区別される第二の特徴として、次の事実を指摘することができるであろう。人間の愛には、親疎の差別がある。自分の身にとって親しいもの、身近かなものに対しては余分に愛情をそそぐが、これに反して、自分に疎いもの、自分から遠いひとびとのことを顧慮しようとしない。この事実は、われわれの日常体験を少しく反省してみるならば、誰でも容易に思い当ることであろう。しかるに慈悲の立場は、これを超えようとする。それは、親しい者から始まって親しくない者に至るまで、平等に及ぶべきことを要請する。

仏の教法は万人のためのものであり、そこにいかなる差別も存在しない。『法華経』には(1)次のようにいう、

『われは同一の音声(一音)によって法を説く。……

何となれば、これは平等にして不平等であることなく、いかなる憎しみもなく愛著も存しないからである。(2)』

大乗の修行者は一切の生けるものに対する区別のない同情心(anukampā, cf. Mitleid)をもっている。(3)『一切の生けるものどもを区別なしにあわれみつつあり、広大なるあわれみを獲得して、(如実に)観照する。(4)』

この態度はバガヴァッド・ギーターにおいても強調するところである。すなわち「万人に対して等しい精神的態度をたもち、一切生類の利益を楽しむ者どもは、われ(=ヴィシヌ)に達する」という。(5)

かかる性格の故に、慈悲の立場に立つと、自分の身から遠いものでも、自分に最も近いものすなわち自分の愛子と同様にみなしてこれを愛するのである。例えば法華経

においては、如来のことばとして「生きとし生けるものどもはわが子なり」[6]と説かれている。親が自分の幾人もの子に対して平等であるのと同様の意味で、平等なのである。[7]かかる精神はすべての宗教に通ずるものでなければならぬ。『仏神には平等一子の慈悲まします。』[8]

慈悲心ある人にとっては敵というものがない。己が敵をもいつくしまねばならぬ。長老シャーリプトラ（舎利弗）の言として次のように伝えられている。

『それ故におのが敵に対しても慈しみを起すべし。慈しみの心を以て遍満すべし。これは諸仏の教なり。』[9]

また詩人アシヴァゴーシャはいう、

『ゆえに汝は一切の生ける者に、慈と悲とのみを（maitrīṃ kāruṇyam eva ca）及ぼすことを思うべし。瞋恚あるいは害悪を、思うべからず。』[10]

『友よ、いまよりのち、たとい敵であろうとも、苦難に悩む人々を、救い出して、同情心もて行え（carānukampayā）。』[11]

バガヴァッド・ギーターにおいても、最高神の愛は「敵にも味方にも等し」というから、[12]仏教外でもかかる理想を立てていたわけであるが、ただ仏教では愛を説くのに最高神を必要だとは考えていなかったのである（キリスト教の愛との相違についても、同様のことが言われ得るであろう)。

実に仏教の実践が社会倫理として展開する場合に、その基本となる原則は、慈悲と平等ということである。この二つの観念は、実は同一の実践的原理を、異った視点から把捉したものであると考えられる。そうしてこの二つは、また一切の宗教の社会的実践について要請されるものであるということができるであろう。

しからば無差別平等の慈悲を説く仏教の思想が具体的な問題に関していかに展開するか、そのあとを検討してみよう。

(1)『この法門を受持せんと欲する者あらむ。かのびくは在家者・出家者より遠く隔って、而して慈悲行(maitrīvihāra)を行うべきなり。而してかれはさとりを求むる人々すべてに対しあわれみ(spṛhā)を起すべきなり。』(梵文『法華経』二四五頁)。『菩薩摩訶薩於後末世、法欲滅時、有持是法華経者、於在家出家人中、生大慈心。於非菩薩人中、生大悲心。』(『法華経』、大正蔵、九巻三八頁下)。

(2) 梵文『法華経』(荻原・土田両氏出版本一一九頁ガーター一二一)。『以一妙音、演暢斯義、常為大乗、而作因縁、我観一切、普皆平等、無有彼此、愛憎之心。』(羅什訳『法華経』薬草喩品)。

(3) Bodhisattvabhūmi, p.334, *ll.*3-5; 20.

(4) sattvadhātuṃ sarvam aviśeṣeṇa…anukampamāno 'nukampā-vaipulyam anuprāptaḥ pratyavekṣate. Bodhis. p.334, *l.*2 f.(菩薩の増上戒住に関する説明)。

（5）　sarvatra samabuddhayaḥ...sarvabhūtahite ratāḥ. Bhag. G. XII, 4.
（6）　『一切衆生皆是吾子』（譬喩品）。
（7）　『この幼童は、皆これわが子なり。愛するに偏党なし。』（『法華経』譬喩品）。
（8）　無住『妻鏡』（『禅門法語集』上、五五九頁）。
（9）　『ミリンダ王の問い』三九四頁（トレンクナー本）に引用されているガーターである。
（10）　Saundarananda XV, 17.
（11）　ibid. XVIII, 54.
（12）　Bhag. G. XII, 18.

五　身分的階位の超越

仏教における慈悲のこの理想を徹底せしめてゆくと、氏姓にもとづく身分的階位の差別は否定されねばならない。この点はインド仏教においては特に強調されたことである。[1]仏教が日本に入ると、世俗的な階位秩序と妥協したために、平等の思想は隠蔽された傾きがあるが、批判的な仏教家はなおこの点を表明することを忘れなかった。

鈴木正三は、幾多の点で封建倫理に反対した人であるが、かれは、托鉢の際の心得として『慈悲の心を起すべし』といい、『坐禅の心地を能く用ひ得て、慳貪慈悲の家隔てなく、貧家を愍れみ、一切衆生の苦患を思ひやり、高位下賤平等の心を以て、そろりそろりと歩行して』云々と教えている。[2]また近世の批判的な仏教書として注目されている『猿法語』には次のようにいう。『家に下たる人にも言葉をあまさず、下僕にいたるまで、常に同体の心をおこし、貧福因果の道を考へ、慈悲の心をもつて我が身の飾りをへし……。[3]』

中世の封建社会においては、どこの国においても婦人の地位が一般に低くおかれていた。仏教はその興起した当初から婦人にも男子と同様の地位を認め、特に尼僧の教団を男性の出家者の教団と対等に位置せしめたことは、人類の思想史上においても注目すべき事実であるが、時代の変遷、国土の差違によって仏教も女人蔑視の思想と同化する傾向があらわれた。例えば日本における女人禁制の制度などもその一つである。しかし批判的な仏教家は、これに抗議することを忘れなかった。例えば、道元は女人を不浄とみなす思想に反対した。『女人なにのとがかある。……〔女人を〕すては菩薩にあらず、仏慈悲といはんや。[4]』仏教の慈悲平等思想の立場からは、当然の結論と言わねばならぬ。

（1）この問題については、拙著『宗教における思索と実践』九二頁以下に論じておいた。
（2）『麓草分』（『禅門法語集』下、五五〇頁）。
（3）『禅門法語集』中、二五五頁。
（4）『正法眼蔵』礼拝得髄。

六　永続的な私有財産の否認

慈悲と平等の観念の論理必然的な結論としては、固定的永続的な財産の私有の観念を捨てねばならぬということになる。

近代における批判的仏教書である『猿法語』の著者は次のように主張する。

『自他をへだてず、金銀財宝は、天下の宝にして、他に在るも他の宝にあらず、自分に所持するとも自分の宝にてもなし。只他人の手に滞りてうごかざれば、其分用ゆる事なく、また自分にをさめてはたらかさぬも、猶ほ石を積みて置くも同じ。故に何にても他につかはして其金銀をうごかし、又手前の金銀も出して、余所より物を取りあつめ、其うごかさす徳によりて、人にも利をあたへ、我も利を得て、妻子けんぞくを恵む、此慈悲平等の念にてあきなふ時は、是れ道のきはまる菩提なり。今日かくの如く道明に正しき時は、明日とてもうたがふ事なし。されば、今生正しくんば、未来の事、露程も念じ煩ふ事有るべからず。(1)』

財産の帰属ということは、仮りに定められたものにすぎない。それは万人のためのものである。そうしてかれは、世俗的な経済倫理に即して慈悲平等の理を実現することのうちに、解脱への道を見出していたのである。

しからば子孫のために財産をのこすという思想もすてられねばならない。民衆とともにあった禅僧・至道無難は次のように主張する。

『子孫にたからをゆづる事なかれ。必ずなくなるものなり。ただ仏道に入る事かんえう（＝肝要）なり。いろいろ善事は法に入りぬればたしかにある事うたがひなし。ほとけの道に入る事ならずば、こころにかけてじひ（＝慈悲）すべし。じひはてん（＝天）のめぐみにあふことうたがひなし。もしまことのじひにやいたらん、実のじひは行住坐臥、道ただしく愚なる事なり。[2]』

慈悲の立場を理論的に徹底せしめると、どうしても、多大の財産を個人が私有することを否認し、財産相続を蔑視するというところにまで到達する。このような倫理的帰結は、いうまでもなく、封建制社会の秩序と矛盾し、それを破壊するものであらねばならぬ。したがって封建的勢力の強固な支配の確立している社会においては、このような思想は、社会運動のかたちをとって表明されることは不可能であった。右のような思想は、日本の仏教書においては説かれることが極めて少なかった。右の立言は日本の仏教としては例外的現象にすぎない。しかし例外的立言であるにもせよ、慈悲の立場は当然ここに帰結するのであり、多くの仏教者がかかる帰結を導き出すのを避けていただけにすぎないということを忘れてはならないであろう。

ところで右の立言は永続的な財産私有を否認しているにもかかわらず、いわゆる「共産主義」と同一ではないことは、言うまでもないであろう。ここでは重々無尽の縁起の理法の自覚にもとづく感恩報謝の念からこのような立言が為されているのである。

（1）『禅門法語集』中、二五三頁。
（2）『無難仮名法語』（『禅門法語集』上、三七八頁）。

第二節　人間の超越

一　生きとし生けるものに及ぶ慈悲

慈悲は、人間をも超えて、一切の生きとし生けるものにまで及ぶことを理想とする。[1] いわゆる愛は、人間にのみ限られた現象である。動物愛護ということも説かれるが、それは、西洋では、近世になって、人間に対する愛とともにそれに附随して説かれたものにすぎない。動物は天国に入ることを許されない。中世以来のカトリック教によると、生きものを殺すことは、悪にはならないのである。しかるに慈悲は、人間を超えて、禽獣《きんじゅう》にまで及ぼそうとする。ひとは「禽獣」といって動物を軽蔑する。しかし欲望にとらわれ、利益に向って動かされているという点では、人間と動物とにどれだけの差違があるであろうか。インドの哲人はこの事実を指摘するのであった。

だからインドの古典では実際問題として人間のことを論じている場合でも「生きもの」ということばを用いる。生きもの、衆生、という資格で論ぜられるのである。(2)

この点でアショーカ王の立言ははなはだ興味深い。かれは周知のように慈悲利他の精神を生類一般にまで及ぼしたのであるが、その際には人間と鳥獣との区別が撤去して考えられている。

『われは二足類・四足類・鳥獣・水棲類に対して種々なる利益（保護）を行った。(3)』

という。ここで「二足類」とは人間のことを指しているのであり、この点ではインド一般の用例に従っている。故に生物が人間に準じて扱われたのではなくて、かれの意識においてはむしろ逆に人間が生物の一種としての地位を得ていたのである。また石柱詔勅第五章においては、動物の殺害のみならず、去勢或いは烙印を押すことを禁じた文章を非常に長く連ねた後で、最後にポツンと、

『即位灌頂第二六年を過ぎるに至るまで、その期間にわれはすでに二五回囚人の釈放を行った。』

といって、それで結んでいる。これは近代人の眼には非常に異様に映ずるが、アショーカ王並びにその時代の人々にとっては、囚人の釈放も動物愛護も共に同じ慈悲の精神にもとづく利他行にほかならなかったのである。

こういう考えかたは、仏教史を一貫して見られるのであるが、『法華経』（提婆達多品）では八歳の竜女が仏となったことが説かれているために、『法華経』は特にひろい慈悲の精神を説くものとして尊重せられた。

禽獣にまで慈悲を及ぼすという精神においては、生きものを殺さぬということが、特に尊重されるようになる。不殺生の戒律は、ジャイナ教が特に厳守するので有名であるが、ジャイナ教の不殺生の観念は、古来のアニミズムにもとづいている点が多いようである。ところが仏教では慈悲の精神にもとづいて、虫一匹をも殺さぬということが理想とされていた。

かかる思想は原始仏教においては、最初の時期から強調されている。聖典のうちに『他の何ものをも害うべからず。』[4]と説いているが、それは『一切の生きとし生けるものを害わぬこと。』[5]を意味しているのである。生きものを苦しめてはならぬ、[6]傷つけてはならぬ、[7]生きとし生けるものに刀杖を加えるな、[8]と教え、「無傷害」(ahiṃsā)の理想が尊重されている。[9]修行者は『われは一切の生きものに対して杖を捨てたり。[10]』という心境を楽んでいた。かかる理想はその後大乗仏教においてもやはり強調せられた。[11]いつくしむということは、人間の行動のあらゆる面において具現されねばならないが、特に「人を殺さず」「人の物を盗まぬ」ということがそれと関係が深いと考えられた。[12]そうしてこのahiṃsāという観念はインド教にも継承され、またガンディーの国民運動においても、標語の一つとされている。

ところで人間と獣とはしばしば敵対関係において対立する。それをいかに処置したらよいか。或る人が光宅寺慧忠にたずねた、

『山中にて虎狼に逢い見《まみ》えなば、いかに心を用いん。』

慧忠は答えていう、

『見るも見ざるがごとく、来るも来らざるがごとくせよ。かれすなわち無心ならば、悪獣も害を加うること能わず。[13]』

また神会の弟子であった志満は黄山の霊湯泉のほとりに庵室をつくっていたが、郷人が虎や豹の害の多いことを嘆じ、『願わくは、師、これを鎮めよ』と願った。そこでかれは『虎にもまた仏性あり』といい、『香を焚いてこれを祝厭したが、これによって（虎の害が）やんだ。』という。[14]

総じて世界各国どこにおいても認め得る現象であるが、原始宗教においては神々に

犠牲を供する儀礼があった。ときには人身献供さえも行われた。愛を説く諸宗教はこの野蛮な儀礼を攻撃し排斥したのであるが、仏教がバラモン教の祭祀を排斥したのも、その祭祀において動物が犠牲に供せられるためであった。シッダールタ太子はビンビサーラ王に対して犠牲を否認して言った。

『果報を望んで、無力なる他の者をあやめるのは、あわれみの性ある(karuṇātman)良き人にはふさわしくない。[15]』

『人がこの世にある間に、他の者を殺害することによって幸福が生ずるも、かかる幸福は慈しみある賢者の欲するものではない。[16]』

動物の犠牲をやめさせるという動きは、シナの禅僧の間にも認められる。[17]それがまた殺生禁断の方向に向っても動いている。衡岳寺の沙門であった善伏は貞観年代以来禅定を修していた人であるが、諸州をめぐり、のち道信に見えて、入道の方便を示され、また廬山に往って慧遠の浄土観堂を見、還って潤州の智巌禅師のところに到って無生観を示され、桑梓山に入って慈悲観を行じ、鬼神巫者に戒を授け、犠牲のための殺生を行わないようにさせた。その結果『江と淮との間に魚肉・鵝鴨鶏猪の属を屠販するものは、〔戒〕法を受けて（それらを）開放し、市に行肆なし。』という状態になった。そこで官人がこれを怪しんだので、ついに永徽二年（六五一）、つれもどされて家に還った。しかしかれは『志は俗を出ずることを好み、家を見ること獄のごとく』であったので、また山居におもむいた。するとまた衆が「屯聚」したので、『説法を為すによって讃して慈を行わしめ』、そうして『不殺は仏教の都門なり。これを行うこと能わずして、もし礼を講ぜば、倨傲をなすのみ。』と説いたという。[18] かかる努力はその後の禅人にも現われ、例えば真歇は「戒殺文」をつくっている。[19]

動物は動物を食って生存している。荒野にもなお動物が生存し、そこでは死闘が繰返されている。人間とても動物であるから、その例に洩れない。しかし慈悲の精神はこの厳酷な事実に対して嫌悪の情をいだかしめるに至る。この恐ろしい事実から脱れる道は無いものであろうか。そこで肉食を禁ずるという思想が現われて来る。

これをインドにおいて最も強く強調したのはジャイナ教である。ジャイナ教徒は今でも肉食禁止の戒律を堅く守っている。そうしてそれについては詩的な伝説や物語も伝えられている。例えば、或る王子は結婚式を挙げるべく花嫁のいる城に赴いたところ、檻の中で泣いている獣たちを認めた。どうしたのかときくと、これは結婚式の饗宴に供せられるのだという。王子は城に入らないで引きかえし、ジャイナの出家修行者となったという。[20]

慈悲の精神にもとづいて肉食を禁ずるという思想は、伝統的保守的仏教においても徐々に現われていたが[21]、特に大乗仏教において『ランカーヴァターラ経』（楞伽《りょうが》経）の強調するところであった。それによると、正等覚者は慈悲の一味（kṛpā-ekarasa）より成り、『全世界をあわれむ者』（sarvalokānukampaka）であるが故に、肉食を禁ずるのである[22]。肉を得るために殺生をする人には、慈悲心（ghṛṇā）が生じない[23]。慈悲心に住する（maitrīvihārin）ところの求道者（bodhisattva）は肉を食わない[24]。『肉食をなすものどもが、（肉の）味に対する愛着をすてて、法という味わい・食べものを願うて、一切有情に対し一子のごとき愛（prema）を懐き、相互に大慈悲（mahāmaitrī）を起すように[25]』教えを説かなければならぬのである。

後代に放生会《ほうじょうえ》や施餓鬼が行われるようになったのも、また慈悲の精神のあらわれである[26]。

仏教がひろまるとともに、慈悲の精神は東洋全般にひろまって、いわゆる東洋精神の根幹となっている。日本の仏教においても殺生をきらったことは、われわれの熟知しているとおりである。殺生は慈悲に反することであると考えられた[27]。

南方の仏教国例えばビルマ（現ミャンマー）では、菜食主義の生活を送っている人々は全人口の約一〇パーセントであると、同地の敬虔な仏教徒が筆者に語った。またセイロン（現スリランカ）の一高官は、セイロンでは自分の家で飼っていた鳥獣を決して殺して食うことはない、と筆者に或る宴席で語ったことがある。それを横で聞いていた西洋人の一外交官夫人は「あら、どうしてですか？」と怪訝《けげん》そうに尋ね返した。まことに東洋と西洋との間には、越えがたい思惟の断層がある。

生きものをあわれむというような思想は、必らずしも仏教のみのもっているものではないであろうが、しかし仏教の影響力が圧倒的であったといい得るであろう。(28) いまのインド人はベンガル人とパンジャーブ人以外は大体肉食をしないが、これは仏教やジャイナ教の影響であるとインド人自身が説明している。

この問題については、いろいろ見解の相違があるが、将来蛋白質が人工的に合成されるようになったら、やがて容易に解決されるのではなかろうか。

西洋にはもともと動物愛護という考えかたは無かった。ところが今日になると事情が異って来た。最近の外電の報ずるところによると、イギリスの「残酷なスポーツに対する反対同盟」(The League Against Cruel Sports) は動物に対する虐待を行った人々を非難した。アメリカの一宣教師が『魚は海に属し、獣は藪に属し、人間は神に属する』と放送したのは「ぞっとする」「恥ずべき」ことであるという。しかしそれよりも同連盟が元首であるエリザベス女王と女王の母を非難したことは注目すべきである。或る大競馬場で三〇頭の馬のうち一三頭が垣のところで疲労のため倒れた。また二人の騎手が傷ついたとき、群衆の中から「すてきだ！」という叫びが挙がった。女王の馬もそれに参加し、倒れてしまったというのである。ところでここで保守的なイギリス人がしかも元首を非難しているのであるから、その非難の声は国家の権威から出て来たものではない。また伝統的な宗教から出て来たものでもない。人間の心のもっと奥深いところから出て来ているのである。

（1）例えば、スッタニパータ一二三参照。
（2）後代の仏教サンスクリットでは sattva という語を男性形で用いることが多い。ただしバガヴァッド・ギーター（一二・二六）では生きものを意味して sattva を中性形で用いている。
（3）dupada-catupadesu pakhivālicalesu vividhe me anugahe kaṭe.（石柱詔勅、第二章）
（4）hiṃse aññaṃ vā pana kañcinam, Therag. 876. cf. ibid. 879.
（5）ahiṃsā sabba-pāṇānam, Dhp. 270.
（6）Therag. 603.
（7）Therag. 237.
（8）Dhp. 129-132, 142.
（9）Dhp. 225, DN. III, p.150 G.; 166 G.
（10）MN. II, p.99f. G.
（11）例えば『観無量寿経』（本及び末）では三福の一つとして『慈心にして殺さず』ということが称讃されている。また『正念に、一《ひと》りの生命をも害《ころ》さず、一切を慈悲《いつく》しみ、阿弥陀仏の国に往生す』というのが浄土教徒の理想とされていた（『十往生阿弥陀仏国経』卍続蔵経八七套四冊二九二丁右下―左上、花

山信勝博士訳註『往生要集』岩波文庫本三九一頁）。
(12)『梵網経』では十重禁戒のうち殺と盗とについてのみ慈悲心を説いている。
(13)「光宅寺慧忠語録」（祖堂集）、宇井博士『第二禅宗史研究』三二三頁。
(14)『宋高僧伝』第一〇巻（大正蔵、五〇巻七六六頁下）。
(15) Buddhacarita XI, 65.
(16) ibid. XI, 67.
(17) 宇井博士『禅宗史研究』三九七頁。
(18)『続高僧伝』第二〇巻（大正蔵、五〇巻六〇二頁下―六〇三頁上）。
(19) 宇井博士『第三禅宗史研究』四五一頁。
(20) これはジャイナ教徒の間では有名な物語であるが、古くはUttarajjhayana XXII, 18に言及されている。
(21) 例えば『一切智光明仙人慈心因縁不食肉経』（大正蔵、三巻四五七頁以下）。なお『九色鹿経』（同上、四五三頁以下）、『鹿母経』（同上、四五四頁以下）参照。
(22) Laṅkāvatāra, p.244, *l*.14 f.
(23) ibid. p.253, *l*.9.
(24) ibid. pp.248, *l*.10; 254, *ll*.9; 14; 259, *l*.2. cf. 246, *l*.12.『厭悪の念を生ずるが故に、大慈悲に住する修行者（yogin）である修行者は肉を食わないのである。』(p.247, *l*.2)。
(25) ibid. p.247, *l*.2.
(26) 梁の武帝の撰になるものとして『慈悲懺法』（具さには慈悲道場懺法）がある。また唐の智玄の著で汀施餓鬼の法を説いたものに『慈悲水懺法』（三巻）がある。
(27) 白隠は『殺生なんどは無慈悲の極頂』といい（『おたふく女郎粉引歌』、『禅門法語集』中、二三五頁)、指月禅師には『誡殺生法語』という独立の著作がある(『禅門法語集』上所収)。

(28) 次のような場合も、実際上は仏教の影響を受けているのであろう。『曹杉が宅、墻破れ壁崩れ檐板まあり、曹杉愁ふる色なし。子弟来りて曰く、やねをふきへいをぬらん事を云へり。杉曰く、時今冬也。かまへいの間、諸虫寒をさけて蟄す、わが居を安じて、彼れが生を破らんや。あへて宅をいらふべからず。』(一条兼良『語園』下巻。ただし『広文庫』による)。これは恐らく『妄りに人を殺さなかった』といわれる宋代の節度使、曹彬のことをいうのであろう。

二　慈悲心は人間のみのもつ心情である

ところで、以上に強調されたように、禽獣にまで慈悲を及ぼすということは、もちろん人間としては容易に実行できないことであろう。実際問題として完全な実行は不可能にちかい。しかし、たとい実行は困難であるとしても、理想としてはそこにまで思いを至らすというところに、人間としての心情の美しさがあるのではなかろうか。

慈悲の心情はもともと人間にのみ存するものである。沢水禅師はいう、

『たまたま人間に出生し、慈悲善悪をわきまふるしるしには、専ら心地修行して安穏解脱を得るこそ、人に生れたるかひありて、喜これより大なるはなし。』[1]

兼好法師もまた、慈悲はやはり人間の特性であると考えていた。

『大方、生ける物を殺し、痛め、戦はしめて遊び楽しまむ人は、畜生残害の類《たぐい》な

り。万《よろず》の鳥獣《とりけだもの》、小さき虫までも、心をとめて有様を見るに、子を思ひ、親をなつかしくし、夫婦を伴ひ、嫉み、怒り、欲多く、身を愛し、命を惜める事、ひとへに愚痴なる故に、人よりもまさりて甚し。彼に苦みを与へ、命を奪はむ事、いかでか痛ましからざらん。すべて一切の有情を見て慈悲の心無からむは、人倫にあらず(2)』。

そこで具体的な問題として考えると、われわれ人間は生きて行くためには、他の生きものを殺さなければならない。殺生を職業とする人々もあらわれて来る。インドの仏教徒はこれを賤業として極力嫌ったが、日本の仏教では人間の不可避の悪として認め、これに対して慰みのための殺生を禁止するという態度で説いている場合が多いようである。

例えば大通禅師はいう、

『殺生も漁父の業は是非もなし。武家などの隙の余に無益の殺生して楽む人多し。我手足を露計り小刀にて突きてさへ痛くつらきものを、鳥類畜類虫までも命をとり楽むこと浅間敷事なり。必ず子孫にも報ひ、我身にも咎となるべきなり(3)。』

仏教では「人身受け難し」といい、ジャイナ教でも『汝は良くぞ人間の生を得た(4)』などという。他の動物には見られぬものがあるからである。

ひとり人間のみならず獣にまでも慈悲を及ぼすという思想は、西欧的思惟によるならば、倫理的ではないし、また社会的でもない。しかし、われわれがよく考えてみると、宗教的には大きな意味をもっている。

生産活動を強調し勤労に精励するという思想は西洋にもあるし、むしろ近代西洋はそれを顕著な特性としている。唯物論者もやはり同じ思想をいだいているし、現代ではむしろ唯物論者のほうがその点では一そう熱心であるといえよう。しかしながらただ生産活動を高めるということのみに目をむけて、人間そのものを見失うならば、その活動は悪魔にとりつかれたように強暴なものになり、われわれをかりたてることになるであろう。これはまさに近代人の呪われた運命である。

人間が人間としての自己を回復するためには、すべての人間に対し、さらに生きものにさえも思いやりを以て対するというあたたかな心情が必要であろう。現実の生存のための勤労を行いながら、しかも宗教的な理想の実現をめざしていたという点で、往昔の仏教者の理想は人類の思想史において独自の意義を有すると考えられる。それは決して、かつての思想がそのまま現代に生かされ得るとか、或いは往昔の人々の実践が完全であったとか言おうとするのではない。ただその理想と実践とがわれわれに対して極めて教えるところの多いものであるということを指摘したい。

(1)『沢水禅師仮名法語』(『禅門法語集』下、一九八頁)。人間の特性は慈悲にあるということを『猿法語』でも説いている(『禅門法語集』中、二五五頁)。
(2)『徒然草』第一二八段。
(3)『大通禅師仮名法語』(『禅門法語集』下、一〇頁)。
(4) tujjhaṃ suladdhaṃ khu manussajamma. (Uttarajjhayana XX, 55).

第三節　愛を通した愛の超越

一　人間における愛

人間における愛を仏教ではどう考えていたのであろうか。

人間のもつ衝動的な欲望(tṛṣṇā, パーリ語で taṇhā)を漢訳仏典では「愛」「渇愛」と訳し、ときには「恩愛」[1]と訳している。日本では昔から「親子の恩愛」などというが、それはまた漢訳仏典に典拠[2]のあることである。仏典においてはその「愛」(=執著)をなくせよと説いている。

しかしそれは決して人間の愛情をなくせよと説いているのではない。仏教はとかく人間的心情を殺すものであるかのごとくに世間では考えられている。仏教者のうちには、このような印象を与えるかのごとき言辞を述べる人々が古来少なかった。しかし人間的な心情を滅すということは、インドの苦行者やヘレニズム時代の一部の哲人やシナの理想ではあったかもしれないが、決して多くの仏教徒の理想ではなかった。

いま愛の観念についてみても、仏教は、人生における愛のうるわしい意義を認めている。

まず理想に対する愛、理想に対して思いこがれる気持が高く尊ばれている。大乗の修行者はいう、『われは、有情を利する一切のことにおいて、深心・愛楽あり。[3]』『またそれにおいて能く淳浄一味なる欲楽を以て深く愛慕を生ず。[4]』真実の修行者は『法を愛するが故に泣く人[5]』なのである。

しかし理想に対する愛慕ということは、個人存在に対する愛慕ではない。それは、ちょうど西洋思想史においてしばしば論議されるように、恋愛というイデアを愛するようなものである。しかし具体的な個人存在に対する愛慕ということも、また強調されている。『諸の有情において悲恋心を興し、義に依る心を生ず。[6]』のみならず釈尊に対する信徒の「恋慕」ということが説かれている。

『衆はわが滅度を見て、広く舎利を供養す。みな恋慕を懐き、渇仰の心を生ず。

（中略）

その心が恋慕するによりて、すなわち出でて為に法を説く。(7)』(『法華経』如来寿量品)

真宗信徒が親鸞聖人に対していだいていたのも、同じような切なる感情であった。

『滅後のいまをかなしみて、恋慕涕泣せずといふことなし。(8)』

また愛語(priyavāditā)すなわち他人に対して愛らしく好ましいことばを語ることは、原始仏教以来、社会生活に必要な四つの徳目(四摂事《ししょうじ》)の一つとして極力称讃されている。この倫理思想は禅宗にさえも継承されていて、自己及び他人を律することと秋霜烈日のごとくであった道元でさえも、次のようにいう、

『愛語といふは、衆生を見るに、先づ慈愛の心を発《おこ》し、顧愛の言語《ごんご》を施すなり、慈念衆生猶如赤子の懐ひを貯へて言語するは愛語なり。徳あるは讃むべし、徳なきは憐むべし、怨敵を降伏し、君子を和睦ならしむること愛語を根本とするなり、面《むか》ひて愛語を聞くは面《おもて》を喜ばしめ、心を楽しくす、面《むか》はずして愛語を聞くは肝に銘じ魂に銘ず、愛語能く廻天の力あることを学すべきなり。(9)』

すなわち、他人に対しては、やさしい、思いやりのある、愛情にみちたことばをかけなければならぬというのである。それによってこそ「和」の精神が現実に具現され得るであろう。

人々がお互いに愛し合い、人々の間に親和感がただようということは、最も望ましいことである。仏教詩人マートリチェータはいう、

『人々をたすけるによって親愛せられ、柔和なるによって魅力あり、温和なるによって偏えに愛せられ、すべての徳があるによって重んぜられる。[10]』

インド一般としては家庭の恩愛の生活にただよっている愛情をもなさけ（慈悲）と呼んでいる。例えば、シッダールタ太子（釈尊）が出家しようとしたときに、御者のチャンダカは太子をなじって、

『つねに憐み深く（sa-anukrośa）、いつもなさけを感ずる人（karuṇavedin）が、愛情の切なる人（snigdha）を捨てるのは、ふさわしくない。[11]』

といっている。

アビダルマ論書[12]によると、人は他人に対して愛と敬との両者をもたねばならぬ。いずれか一方を欠くならば、よからぬ人のありさま（非善士法）となる。すなわち『愛して敬を妨ぐ』ることがある。それは父母が子を溺愛する場合である。子は父母に対して愛はあるが、敬をいだかぬようになる。師が弟子に対する場合も同様である。他方『敬して愛を妨げる』ことがある。父母が子に対して厳酷なる場合である。子は父母に対して尊敬はするが愛情をいだかぬようになる。師が弟子に対する場合も同様で

ある。愛と敬とともに行われるのが、よき人のありさま（善士法）である。

ところでこの愛には二種類あり、一つは汚れている愛で、貪《むさぼ》りをいう。第二は汚れていない愛で、信をいう。

一般に大乗仏教においては、愛（preman）は慈悲と同種類のものであり、慈悲に連続するものであると考えられた。(13)

しかし愛はそのまま慈悲ではない。愛は慈悲と密接な連関があるにもかかわらず、しかも区別して考えられねばならない。この事情を示すものとして、例えば鉄眼はかれの弟子・宝洲関主に与えた書のなかで次のようにいう、

『須《すべから》く知るべし、一箇の洲子（＝宝洲）正に是れ堅固第一の妄想なることを。……洲子（が）悟を得るときは、則ち見綱と為る。洲子（が）道を成ずる時は、則ち道は魔外と為る。洲子（が）智を発するときは、則ち智識浪と為る。洲子（が）慈を生ずるときは、則ち慈は愛涎と為る。如《し》かず、此の洲子を打殺して、則ち灑々落々たるには。(14)』

すなわち「慈」が対立を超えた理想であるのに対して、愛は個我への執著を内蔵している。そこでわれわれは、慈悲が人間の愛を通して実現されるものではあるが、しかもそれを超えている面があるということについて、さらに考察しなければなら

ない。

（1）拙著『インド的思惟』（春秋社、昭和二五年）附録、二二頁参照。

（2）例えば『那先比丘経』巻下（大正蔵、三二巻七一六頁中）。

（3）『瑜伽論』第四八巻（大正蔵、三〇巻五五七頁中）。sarvasattvārthakriyābhiratam ca me cittam. (Bodhisattvabhūmi, p.335, *ll*.21-22.) 菩薩が或る境地を楽しむことをも「愛楽」という。tasmin gambhīre vihāre 'bhiratasya (Bodhis. p.351, *l*.23.)『於甚深住極生愛楽』（『瑜伽論』第四八巻、大正蔵、三〇巻五六一頁上）。

（4）『瑜伽論』第四八巻（大正蔵、三〇巻五五七頁中）。tatra ca spṛhā-jāto bhavati ghana-rasena cchandena. (Bodhis. p.336, *ll*.1-2.)

（5）Milindapañhā, p.76. なお『那先比丘経』（大正蔵、三二巻七〇〇頁下、七一六頁中）参照。

（6）『瑜伽論』第四八巻（大正蔵、三〇巻五五七頁中）。teṣu ca sattveṣv apekṣā-citto bhavaty artha-pratisaraṇa-cittaḥ. (Bodhis. p.336, *ll*.3-4.)

（7）幸田露伴には「因其心恋慕乃出為説法」という題のエッセイがある。なお「思慕」（大正蔵、三〇巻五六一頁上）の原語は autsukya である (Bodhis, p.351, *l*.18.)。

（8）『親鸞伝絵』第六段。なお賛寧『大宋僧史略』巻上、礼儀沿革の条に、『西域之法礼。有多種。如伝所明。礼拝者屈己也。旋遶者恋慕也。偏袒者亦肉袒也。』とある。いずれも野上俊静教授の教示による。

（9）『正法眼蔵』菩提薩埵四摂法。道元は『坐禅を愛する』という表現も用いている（『正法眼蔵』行持）。

（10）priyas tvaṃ upakāritvāt suratatvān manoharaḥ |
ekāntakāntaḥ saumyatvāt sarvair bahumato guṇaiḥ || —— Śatapañcāśatka - stotra 100.

（11）Buddhacarita VI, 41.

（12）『阿毘達磨大毘婆沙論』第二九巻（大正蔵、二七巻一五〇頁下―一五一頁上）。

（13）e. g. premamaitryādayaḥ は清浄法であると考えられていた（Madhyāntavibhāgaṭīkā, p.170）。なおランカーヴァターラ、二四七頁二行参照。

（14）『鉄眼禅師仮字法語』（岩波文庫本八六頁）。若干送りがなを補って引用した。道元にも同様の用例がある。『断臂たとひ容易なりとも、この割愛は大難なるべし。』『恩愛あらんは恩愛をはなれ』（『正法眼蔵』行持）。

二　性愛との区別

愛の典型的なものは、恋し合っている男女の愛情である、と一般に考えられている。熱烈に愛し合っている男女の間では全面的な自己帰投が行われる。それは純粋の愛であると認められている。すでに原始仏教においても、一般世人に対しては、恋愛の純粋性を説いていた。

『愛する者の愛する人は誰であろうとも、たといチャンダーラ女（賤民の女）であっても、すべての人は平等である。愛（kāma）に差別なし[1]。』

いかなる階級に属する人にあっても、愛が純粋であれば、それは尊いものである。男女が夫妻として結婚生活を営む場合には二人の人格の間における全面的帰投が要請される。

『もし貞節（sīlavatī）であって、他人の威に屈せず、夫の欲することに従順で好ましい妻であるならば、責めるべきことでも、ほめるべきことでも、秘密のことがらを妻に打ち明けよ。[2]』

かかる愛は美しく尊いものである。原始仏教は諸種の物語を通じてかかる愛を強調した。

しかし愛はそのまま慈悲ではない。恋愛は欲をともなっている。だからインドのことばでは恋愛も欲望もともに kāma という語で表現され、両者の間に区別が立てられていない。また恋愛は人間の生理的消長と不可分離であり、或る年齢に達するまではそのことがなく、また或る年齢から以後はやはり恋愛からは遠ざかる。だから人間の全生涯を通じて見られる現象ではない。

そうして恋愛は相手に対する独占欲を強くもっている。だからもしも愛している相手に裏切られた場合には、愛は激しい憎しみに転ずることがある。これは世間では実際に認められる事実である。愛はつねに憎しみに転じうる可能性をもつ。しかるに慈悲は、愛憎の対立を超えた絶対の愛である。ひとを憎むということがない。[3]

（1）　Jātaka VI, p.421 G.

（2）　Jātaka VI, pp.379-380 G.

（3）仏教における「愛」の問題を扱った幾つかのエッセイを幸田露伴が残している。それらがまとめて出版されている（幸田露伴『愛』角川文庫）。なお手島文倉『印度宗教論』参照。

三　愛憎からの超越

愛憎からの超越ということは、慈悲の重要な特性の一つである。すでに原始仏教においてはひとは怨みを捨てよということを教えている。『実にこの世において怨みに報ゆるに怨みを以てせば、ついに怨みのやむことなし。怨みをすててこそやめ。こは永遠不変の法なり(1)。』かかる思想はまた仏教を通じて神道にも影響を及ぼした。禊教ではいう、『怨まれて怨みかえすな怨みなば　又うらまれて怨はてなし(2)』慈悲の立場に立つならば、悪人を憎むということがない。悪人をもますますあわれむのである。

一休はいう、『一日克レ己復レ礼ときは、天下仁に帰するとかや。況《いわ》んや大慈大悲の仏、誰をかにくみ誰にかほこらん(3)。』

愛憎を超えるということは恐らくすべての宗教に通ずる思想であろう。ジャイナ教でも「愛と憎(4)しみとをともに除くべし(5)」といい、すべての生きとし生けるものに対して平等であるべきことを強調する。[6]

仏教では特に憎しみの感情をなくするために慈悲観を修すべきことが勧められている。[7]

人が怒っているときには、とかく悪口雑言を吐く。その当人にとっては夢中であろうが、第三者から見ると醜いものである。

『悪いならいをやめたにしても、なお瞋恚のはたらく人は、あたかも水浴を終った象がやるように、その身を泥によって損ずる。[8]』

人間はどうせいつかは死ぬものではないか。何をそんなにわめいて、ひとを苦しめるのであるか。

『人々はすでに病と死と老等に悩み、やがては死ぬはずのものであるのに、敬うべく慈しみある（sa-ghṛṇa）人である誰が、いやます苦しみを他人に加えるであろうか。[9]』

インドでは神々は悪魔に対しても憐れみ（anukampā）を起し怒を発しないといわれている。[10]

日本の古歌にも、

『慈悲の眼に憎しと思ふものあらじ　とがある者をなほもあはれめ』

という。日本においては、またこれが武士たる者の理想の心境として掲げられていた[11]。武士道にも慈悲が要請される。

慈悲の立場に立つならば、敵というものがない。『おのが敵に対しても慈しみを起すべし[12]。』

だからインドの武士道においても、敵に対するあわれみ[13]の心が尊ばれる。インドでも武士は敵と命をかけて殺し合っているにも拘らず、その心は『敵に対しても味方に対しても平等[14]』なのである。王者の諸の徳を讃えたインドの碑文について見ても、西インドのルドラダーマン王（Rudradāman　二世紀中葉）は慈悲心（kāruṇya）があったという。アンドラ王朝のガウタミープトラ・シャータカルニ王（Gautamīputra Śātakarṇi）は人民に平安（abhaya）を与えたが、かれは『こちらに害を加え来った敵人に対してさえも、生命を害うことを好まない』といわれた（ナーシク碑文第二）。

かかる怨親平等の思想は、仏教を通じて神道にも影響を及ぼした。住吉明神の神詠として、次のものが伝えられている。

『祈には仇も敵もなかりけり　身は住吉の神の誓に[15]』

『法華経』に説く「法師行」なるものは、われらに迫害を加える悪人といえども、ついには仏にならしめる慈悲行なのであるから、これを実践するものはいかなる迫害にも堪えなければならない。『またわれらをその時誹謗するかれら悪人も、やがて仏となりぬべし。われらはすべて忍ぶべし。[16]』

『汝は耐え忍ぶによって嘲る者にうち克ち、祝福を以て敵意ある者に、真実を以て中傷者に、友情（慈心 maitrī）を以て加害者にうち克った。[17]』

人間の愛も仏の慈悲にあずかるものとして純化されることによって、とどこおりのないものとなるのである。この精神は、また一切の人倫的組織において平和をもたらすことができるであろう。

（1）『ダンマパダ』五。
（2）中山滝太著『岩戸開道歌集』（加藤玄智博士『神道の宗教発達史的研究』九五四頁）。
（3）『水鏡目なし用心抄』（『禅門法語集』中、五九一頁）。
（4）rāga, dosa.
（5）Uttarajjhayana XXXI, 3; XXXII, 2.
（6）sama（Utt. XIX, 25.）
（7）小乗仏教における慈悲の項参照。『多瞋衆生慈悲観』（『天台四教儀』巻中本、二五。なお、二二裏）。
（8）Saundarananda XV, 14.
（9）ibid. XV, 15.
（10）Buddhacarita XIII, 31.
（11）佐賀藩の『葉隠』には、神詠として引用言及されている。堀一郎氏の教示によると、もとは修験道の歌であるということである。
(12)『ミリンダ王の問い』三九四頁（トレンクナー本）に引用されているガーターである。
(13) kṛpā (Bhag. G. II, 1); kārpaṇya (ib. II, 7.)
(14) samaḥ śatrau ca mitre ca. (Bhag. G. XII, 18.)
(15)『神社印信』(『日本大蔵経』修験道章疏、一三四六頁、加藤博士前掲書九五八頁)。
(16) 梵文『法華経』(荻原・土田両氏出版本二三三号ガーター一二)。
(17) Śatapañcāśatka-stotra 122.

四　子に対する愛

慈悲は求めることの無い愛である。われわれは、与えられる慈悲に対してはただ無限の感謝を捧げるのみである。こういう点で慈悲は、子に対する親の愛情の純粋化して考えられたものであるということができるかもしれない。幼児が親に対してどのようないたずらをしようとも親は子を憎まない。

すでに有部[1]の聖典において父母の愛情は慈心と呼ばれている。

『父母は世間において能く生育し教導し、慈心もて利楽を求む。彼の影が形に随うがごとし。[2]』

『父母は世間において恩深重にして報じ難し。無益を除き、悪を制し、利を授け、勧めて善を修せしめ、妻室と資財とを与え、慈心もて常に覆護す。[3]』

『法華経』においては、仏の慈悲が親の愛に比せられている。そこでは釈尊の言として『一切の生きとし生けるものはわが子なり。』という。

『われは生きとし生けるものの父にして救い主なり。一切のいのちあるものはわが子なり。』

『この三界のものはわが有なり。実にそこにあって焼かるるかれら（生けるものども）はわが子なり。しかもこの処は患難多しと、われ示す。かれらの救わるることを知れるは、ただわれのみなり。[4]』

そうして仏教の修行者は、一切の生きとし生けるものに対して、親が子を愛するような愛情をもたなければならない。これはすでに指摘したように、原始仏教以来説かれていることであるが、大乗仏教においてはこのことが特に強調せられた。『法華経』においては、『衆生を慈しみ念ずること、なお赤子を〔慈しみ念ずる〕がごとし。[5]』と教えている。ナーガールジュナはいう、

『いわゆる大慈大悲心とは、衆生において〔かれらが〕父母・児子・己が身なるかのごとき想をなすなり。何を以ての故に。父母・児子・己が身には自然に愛を生ず。推して愛するには非ず。菩薩は善く大悲心を修するが故に、一切衆生乃至怨讎

あるものをも同じ意《こころ》にて愛念す。これは大悲の果報なり。〔かれらを〕利益するための具（＝手段）をすべて惜しむところなし。内外の所有を尽く衆生に与う。[6]』

かかる見解をうけて、日本仏教においても、例えば道元は『それ出家の自性は、憐愍一切衆生猶如赤子なり。[7]』という。

子に対する親の愛が「慈悲」に近いものであると考えられるから、子に対しては「慈愛」という語が何の矛盾をも意識されることなしに成立する。

『この清信女、舎宅の中に在って、父母に奉順し、児童を慈愛し、夫主に給仕し、家の営みを作し務むるも、膠盆翻し見れば、清浄の梵行なり。[8]』

遺児らは亡き親の慈愛を追憶する。『もし父在しなば、われらを慈しみ愍んで、能く救護せられまし。[9]』そうしてかかる根拠にもとづいて、ここに「慈父」という表現も成立する。[10]すでにシナにおいて『子を養うて方《まさ》に父の慈を知る。[11]』などと説かれているが、日本では「親の慈悲」という表現が成立した。

『親は子に慈悲をくはへるが親のみち、子は又おやに孝行をつくすが、子の道じやわひの。[12]』

『東西をもしらぬ此身を、智慧の附《つく》まで養育仕立、仏とも法ともしらぬ身に、かやうの有がたい事を、聴聞いたし、此不生の仏心なる事合点いたすは、偏に親の大なる御慈悲じやと、尊敬いたされい。是則孝行でござる。[13]』

親または子に別れて嘆いている人々に向って盤珪は次のように教えている。

『みなの衆が、なげいたといふても、死だものが跡へもどりはしませぬわひの。……それならば、とてもかへらぬ事じや程に、向後すきとなげきをとりをいて、其歎く手間で、一座の座禅をもつとめ、一遍の経をもよみ、香花でもとつて、跡をとふが、親には孝行、子には慈悲といふものじやわひの。[14]』

家庭は慈悲の実現するための最初の人倫的組織であらねばならぬ。弁栄聖者は信徒に向って教えていう、

『今は大みおや（＝仏）のいと暖なる慈悲に充されたる家庭にありて共に相たすけて、ますます信念の花の、いや栄えあらんことをこそ祈候。[15]』

人間の愛のうちで親の愛が最も慈悲に近いものであるから、慈悲の立場に立つと、幼いもの一般に対する愛情が要請される。子どもをなぐさみに供するような風習を、慈悲に反するものとして兼好法師は非難している。

『幼《いときな》き子をすかし脅し、言ひ恥かしめて興ずる事あり。大人《おとな》しき人は、真《まこと》ならねば、事にもあらずと思へど、幼《おさな》き心には、身にしみて怖しく、はづかしく、あさましき思ひ、まことに切なるべし。これを悩まして興ずる事、慈悲の心にあらず。[16]』

そうして現実のわれわれの人間生活においては、子に対する愛情を通じて、それの純粋化されたものとして慈悲が理解されるのである。このことは、すでに指摘したように、原始仏教において強調されたところであるが、日本でも兼好法師は次のような事実を示している。

『或荒夷《あるあらえびす》のおそろしげなるが、傍《かたえ》に対《あ》ひて、「御子は在《おわ》すや」と問ひしに、「一人《ひとり》も持ち侍らず」と答へしかば、「さては物のあはれは知り給はじ。情無《なさけな》き御心《みこころ》にぞ物し給ふらむと、いと怖ろし。子故にこそ、万《よろず》のあはれは思ひ知らるれ」と言ひたりし、さもありぬべきことなり。恩愛の道ならでは、斯る者の心に慈悲ありなむや。[17]』

現実の問題として、われわれの体験に即して理解すれば、子に対する親の愛情を通じて慈悲が理解されるのであろう。

しかしまた他方では幼童といえども、宗教的功徳によって慈悲を及ぼすことができると考えられた。経典のうちの物語によると、——

五百人の幼童が砂でストゥーパをつくる遊戯をしていたが、大雨で洪水のため、かれらは溺死した。しかしかれらはその功徳によって死後に天上に生れてみろく仏を見たてまつることができた。そうして『唯だ慈沢を加え、諸のおよばざるものどもをみちびいた』という。[18]

(1) 『本事経』が有部の聖典であることについては『壺月全集』上巻四三〇頁以下参照。
(2) 『本事経』第四巻（大正蔵、一七巻六八三頁上）。
(3) 同上、六八三頁中。
(4) 梵文『法華経』（八四頁）（大正蔵、九巻一四頁下）。道元は『釈迦慈父』とよぶ（『正法眼蔵』三界唯心）。
(5) 提婆達多品。
(6) 『大智度論』第五三巻（大正蔵、二五巻四三八頁中）。
(7) 『正法眼蔵』出家功徳。
(8) 『禅宗落草義』三巻六丁。
(9) 『法華経』如来寿量品。asmākaṃ pitā... anukampakaḥ. (p.274)
(10) 『於諸如来、起慈父想』（『法華経』安楽行品）。"sarvatathāgatānāṃ cāntike pitṛsaṃjñām utpādayati" (p.244)
『衆生の慈父』（『正法眼蔵』礼拝得髄）。
(11) 『祖堂集』（宇井博士『第三禅宗史研究』四五頁）。
(12) 『盤珪禅師語録』（岩波文庫本二九頁）。
(13) 同上、七二頁。
(14) 同上、二七—二八頁。
(15) 『御慈悲のたより』上、一七頁。
(16) 『徒然草』第一二九段。
(17) 同、第一四二段。
(18) 『生経』第四巻、五百幼童経第三三（大正蔵、三巻九五頁）。

五　下位の者から上位の者に対する慈悲

慈悲とは、仏が衆生に対し、主君が臣下に対し、親が子に対するように、力において或いは階位的秩序において上位のものが下位のものに対してはたらきかける関係ではないか、と考えられるかもしれない。また日本では一般にそのように考えられている。しかし事実としては必らずしもそうではない。むしろそれと反対の場合もある。例えば修行者が慈心をもって仏に対することもある。浄土教では、「もし仏を慈敬する者あらば、〔かれは〕大なる善を為す。(1)」と説いている。また次のような実例も、伝えられている。

天童如浄禅師が天童山に住持であったとき、僧堂で衆僧が坐禅しているとき、もしも眠っているものがいたならば、履を以て打ち謗言呵責した。しかし衆僧はみな打たれるのを喜び讃歎した。如浄はあるとき上堂の次でに次のように述懐した。

『我れ既に老後、今は衆を辞し庵に住して老を扶けて居るべけれども、衆の知識として各《おのおの》の迷を破り道を授けんがために、住持人たり。是に依て或は呵責の詞ばを出し、竹篦打擲《しっぺいちょうちゃく》等のことを行ず。是頗る怖れあり。然《しか》れども、仏に代て化儀を揚《あぐ》る式なり。諸兄弟《ひんでい》慈悲を以て是を許し給へ。(2)』

これを聞いて衆僧はみな涙を流したという。

ここでは人間的関係については下位のものが上位のものに対して慈悲を以て対するのである。ただしこの場合においても、下位のものが下位のものとしての資格において慈悲を示すのではなくて、絶対者にあずかっているものという資格において慈悲のはたらきを示すのである。

したがってこのような場合には、世俗的な身分・年齢・性別等に由来する優越的地位は撥無される。道元はいう、『仏法を修行し、仏法を道取せむは、たとひ七歳の女流なりとも、すなはち四衆の導師なり、衆生の慈父なり。[3]』

（1）『若有慈敬於仏者、実為大善』『大無量寿経』下の文の取意である。
（2）『正法眼蔵随聞記』第一巻。
（3）『正法眼蔵』礼拝得髄。

六　神の愛・友情・仁との相違

慈悲と愛とが、類似したものでありながらも、しかも異っているとすると、われわれは、ここでこの両者に対応する西洋の観念といちおう対比してみたいと思う。

古代ギリシアにおいても、すでに二種の愛が区別して考えられていた。[1] 感性的な愛はエロース（Erôs）と称せられ、これに対して、キリスト教徒の説いた宗教的な愛はアガペー（Agapê）といわれる。ところが近代西洋においては、両者を一つの観念のうちにおさめて、通俗的な呼称としてはこれらを愛（love, Liebe）のうちに含めるに至った。ここに、われわれは、近代西洋思想の人間中心的な態度を認めることができるのではなかろうか。それと同時に、近代西洋思想が、人間の自然的性情の安易な全面的承認に堕する危険性を包含していることを、指摘することができる。これに対して、慈悲は人間を超えてしかも人間のうちに実現さるべき、実践の究極的な理想なのである。

しからば、同じく宗教的で絶対者に由来する愛であるという点で、仏の慈悲とキリスト教で説く神の愛とは同一視されてよいであろうか。現在多くの日本人は、この両者を殆んど同一観念であるかのごとくに考えている。この問題に関連して、禅僧からキリシタンとなり、のちに再び転宗した邦人イルマン・ハビアンの著『破《は》提《だい》宇《う》子《す》』には、世界創造者としての神には慈悲がないということを主張している。すなわち、

『五千年の間に科送なければ、一切世界の人間〔が〕、地獄に堕べきこと無量無数なるべし。……其を見ながら哀とも思はず、五千年来衆生済度の方便に心を傾けざるを慈悲の主と云〔は〕んや。』

と批評している。インドでも、世界創造神を想定する教説に対して仏教徒やジャイナ教徒はちょうどこれと同様の論難を発している。[3] 世界を創造した神は、何故にこのような不完全な世界をつくったのであるか。われわれの現実の生活にいかんともしがたい苦しみや罪悪の存することが厳とした事実である以上、われわれにかかる苦しみを与えた世界創造神が絶対の慈悲であるということは考えられない。また一方では非常な幸福を楽しんでいる人もあるのに、他方では悲惨な運命に泣いている人も少くない。何故にこのような不公平が存するのであるか。かかる不公平の存在することは最高絶対の神の徳を傷つけるものである。こういう論難に対しては、世界創造神を想定した後代のニヤーヤ学派及びヴェーダーンタ学派は何とか弁明をしなければならなかった。これは西洋近世哲学においても弁神論（théodicée）の問題として取り上げられている。

第二に、世界創造神を想定する多くの宗教においては、たとい人が神に救われたとしても、神と人との間には絶対の断絶がある。人は救われても神そのものとなることはできない。ところが仏教においては、仏がわれわれ凡夫を救い取ったあとでは、凡夫は仏そのものとなるのである。凡夫も究極の根柢においては仏と一致している。仏は凡夫を仏と同じものになしたもうが故に、その慈悲は絶対なのである。もしもその間に差別があるならば、その慈悲は絶対であるということはできない。

以上の二つの理由により、われわれは仏の慈悲を神の愛と直ちに同一視することはできない。

また慈悲は、ギリシア思想に由来する「友情」(philia, amicitia) の観念とも区別されねばならない。なるほど慈悲の原語 maitrī は「友」を意味する mitra という語からの派生語であるから、真実の友情を意味するものとして、西洋における「友情」の観念と類似性の存することも事実である。ギリシアにおいては、友情の問題はすでにプラトーンやアリストテレースによって詳しく考究されていた。[4] エピクーロスは、友愛を幸福の最も大きな条件と見なした。[5] ストア哲学と仏教との類似ということは、すでに学者及び思想家のしばしば指摘したところである。友情の強調ということは、ローマの哲学においてもまた著しい。例えばキケーローは『低俗にして凡庸なる友情』(vulgaris aut mediocris amicitia) ではなくて、『真実にして完全なる友情』(vera et perfecta amicitia) を称揚し[6]、『友情とは神聖なまた人間的なすべての事柄について善意と愛情を以てする完全な共感以外の他のものではない。[7]』と定義し、『わたくしは、あなたが友情をすべての人間的なものの上に選ぶように、あなたにすすめるのみである。そのように自然に適合しているもの、幸あるものであろうとも、不幸なものであろうとも、事態にそのように適合しているものは、実に何も存在しない。[8]』と説いている。友情をこのように強調したということは、仏教における慈悲の強調と対比さるべきである。しかし、詳しい対照考究の後でなければ、何とも結論を導き出すことはできないが、西洋においては友情が宗教的な絶対者の位置にまで高められることは無かったようである。これは西洋において古来個我意識が強かったことと密接な関係があると思う。

以上のような思想史的事実から考えると『仏心とは大慈悲なり。』というような思想は、西洋には現われなかったのではなかろうか。神の愛といえども、反面には邪悪に対する罰を包み含んでいる。しかし仏は大慈悲そのものであって、人々を罰するということがない。罰は自然のむくいとして各自がみずから招くものなのである。もし菩薩の下す罰というものが考えられるとしても、それは悩める悪人を救わんがための方便に外ならない。だから永遠の罰という観念は、仏教には存在しない。また「仏の罰」ということはあり得ない。「仏の罰」というのは「石女《うまずめ》の子」と同様に矛盾を含んだ概念である。ここにもわれわれは、仏教の慈悲の一つの特性を見出すことができる。

なお儒学で説く『仁』と慈悲との関係も問題とせねばならぬ。シナにおいては、すでに古く天台大師智顗《ちぎ》が、儒家で説く五常を仏教で説く五戒と同一視して、『仁慈もて矜《あわれ》み養いて他を害せざるは、即ち不殺戒なり。[9]』といって、慈悲を仁に比定している。

かかる解釈はすでにインドの仏典を漢訳した人々の間で承認されていたものであるらしい。『法華経』では、『いつくしみの心をいだき、あわれみのことばを語る』(maitracitā karuṇām ca vācam bhāsate) ということを、『心念口演、微妙広大、慈悲仁譲、志意和解』と訳している。[10] また漢訳『大無量寿経』でも『聖を尊び、善を敬い、仁慈もて博く愛せよ。[11]』と教えている。また理想的な帝王は『仁慈もて物《もつ》(=衆生)にのぞみ、侵悩を行わず。[12]』と説かれている。

日本においてもまた同様に考えられた。例えば、三種の神器のうちの玉は、若干の神道家によっては慈悲に、他の神道家によっては仁に配せられている。仏教者自身が「仁」を慈悲と同義に用いていることがある。[13]「仁慈」という語は漢籍においてどれだけ古く遡ることのできるものであるか不明であるが、一般日本人の間では耳なれたことばとなっている。

しかしながら文字の起原からいうと、「仁」は人と人との間におこる愛情・道義という意味で「二人」を合したものであるということである。しからば人間を超えようとする慈悲と、人間にのみ限られる仁とはその起原を異にするものであり、その差違が永くこの二つの観念を規定しているということができるであろう。そうして儒教の仁は、近代化以前のシナ及び日本の社会における階位的秩序に順応して、上位者が下位者に対して示すものであり、仏教の平等の立場とは異ったものである。こういう特性において慈悲の観念は儒教の仁からも区別されねばならない。[14]

したがって以上の考察を一言で要約するならば、仏教で説く慈悲は、他の諸宗教、諸哲学で説く愛・友情・仁などの純粋化・完全化されたものであるといってよいであろう。それと同時に抽象的普遍のうちに没入して、観念的にのみ考えられる危険性のあることも否定できない。

（1）西洋ではかかる研究はいろいろなされているようである。一例として Heinrich Scholz: Eros und Caritas. Die platonische Liebe und die Liebe im Sinne des Christentums. Halle 1929. なお日本の近年の文献としては例えば雑誌『理想』特輯「愛の考察」（昭和二三年八月号）参照。また前に紹介した幸田露伴『愛』も参考となる。

（2）家永三郎教授『中世仏教思想史研究』一四六頁。鈴木正三も『破吉利支丹』において同様の論難を発している。詳しくは、拙著『近世日本における批判的精神の一考察』二一二頁以下参照。

（3）かかる論難はブラフマ・スートラ二・一・三四、二・三・四二にも言及されている。拙著『ブラフマ・スートラの哲学』四三五頁以下、及び一九六頁以下、二三八頁以下参照。仏教側からの論難としては、例えばTattvasaṃgraha v. 157 f.（拙著『初期のヴェーダーンタ哲学』三五六頁以下）。なおシャンカラに帰せられるSarvasiddhāntasaṃgraha の仏教の章にも述べられている。ヴァーチャスパティ・ミシュラもこの問題を論議している（Tātparyaṭīkā II, 1, 68）。また、ジャイナ教のほうではHemacandra が Syādvādamañjarī ad v. 6 で詳しく論じている（ヤコービ著、山田龍城・伊藤和男両氏共訳『印度古代神観史』一八三頁以下）。

(4) Platon: Lysis; Aristoteles: Ethika Nikomakheia VIII-IX. 川田熊太郎教授の教示による。

(5) 和辻哲郎教授『ポリス的人間の倫理学』二七〇、二七三頁参照。

(6) Cicero: De amicitia dialogus VI, 22.

(7) est autem amicitia nihil aliud, nisi omnium divinarum umanarumque rerum cum benevolentia et caritate summa consensio. (ibid. VI, 20)

(8) ego vos hortari tantum possum, ut amicitiam omnibus rebus humanis anteponatis; nihil est enim tam naturae aptum, tam conveniens ad res vel secundas, vel adversas. (ibid. V, 17)

(9) 『摩訶止観』第六上（大正蔵、四六巻七七頁上―中）。

(10) 羅什訳『法華経』提婆達多品。荻原・土田両氏出版本二二六頁。

(11) 『大無量寿経』下末。ここの文章に対するサンスクリット原文は伝わっていない。

(12) 『八十華厳』第二七巻（大正蔵、一〇巻一四九頁中）。

(13) 『鳥獣を籠にいれ、つなぎくるしめて、目をよろこぶこと、われが心をしらざる故なり。野山を思ふうれひ切なるべし。心有る人これをあはれまざらんや。また殺生を好むこと、仁の心なきゆゑなり。短命は殺生より来るといへり。我が命のをしきをしらば、小き虫にいたるまで心をとめてみよ。』（鈴木正三『盲安杖』）。

(14)「仁」は普通 benevolence と訳されるが、Bodde 教授は human-heartedness と訳し、Hughes 教授は man-to-man-ness と訳す (E. R. Hughes: Chinese Philosophy in Classical Times. London 1944, Everyman's Library, p.XXXVii.)。

第六章　慈悲の行動的性格

第一節　行動における慈悲の実現

一　人間を通してあらわれる実現

仏教の説く慈悲の観念は抽象的に、単なる観念的存在として現実を遊離して考えられているという非難が、唯物史観の側から発せられている。

ゴータマ・ブッダが四門出遊の際に人々が営々と働いているのを見て人畜のみならず、耕やされ従って傷つけられている土地にまで同情心を起したという伝説についてルーベンは批評する。

『ひとが搾取されていることに関してではなくて、働らかねばならぬことに関して為される同情、及び大地にまでも同情をひろげ、したがって同情を抽象的且つ非人間ならしめる無制限な誇張は仏教の宣教には特徴的なものである。』[1]
この非難は確かに一面においては当っている。
しかし慈悲が人間に対していだかれねばならぬものであることは、仏教徒が充分に熟知しているところのものであった。慈悲は人間を超えたものではあるけれども、人間において実現されるものであるから、慈悲は人倫的組織に即して実現されるのである。この世の汚濁から離脱して、ひとり静寂安穏をむさぼるものであってはならぬ。この生死罪悪の現世のうちに没入するのである。『大慈悲力を以ての故に無量阿僧祇（＝数えきれぬ）世に〔わたる〕生死の中において心が厭い没せず。[2]』したがって慈悲の実践はまた愛のかたちをとってあらわれる。しかも普遍的な無差別の愛となるべきものである。「博愛」という語は西洋の philanthropy の訳であって、漢籍のうちにかかる用例の典拠があるかどうか不明であるが、浄土教の根本経典である『大無量寿経』の中では特に強調されている。すなわち浄土教の実践道徳を説くところで、『聖を尊び善を敬い仁慈ありて博く愛せよ』[3]と教えている。また日本の禅宗でも『衆を愛する』ということを強調している。[4]
他人を献身的に愛するということは、他人の苦しみをおのが身に引き受けるということに至って極まるに至る。かかる意味の慈悲行は大乗仏教において殊に強調された。慈悲行の実践者は『他人の苦しみを苦しむ人』である[5]（まさにドイツ語のMitleidと対応する）。求道者（菩薩）は生きとし生けるものに対して慈悲の心を起し、『衆生に代って苦を堪え忍ぶ心を懐く。[6]』のである。『菩薩は諸の有情の為に生死において一切の苦を堪受す。[7]』求道者は他人の身代りとなるという誓願を立てねばならない。『願わくは、われ、他（人）の愛するところのものを（念ずること）、みずからの寿命を念ずるがごとくならん。願わくは、われ、衆生を念ずること、万倍も自愛に勝れん。願わくは、かれの作りしところの悪は、われにおいてその果報の熟せんことを。このわが行いしところの善は、かれにおいてその果報の熟せんことを。[8]』西洋においてもこういう思想は存在する。英語ではvicarious atonementという。しかし西洋の宗教では、神の愛を通じて人間を愛するのであるが、少くとも最初期の仏教の立場ではかかる絶対者の媒介を考えていない。

そこでどちらの考えかたが正しいか、という問題にぶつかる。これを解決する一つの行きかたは、ヴェーダーンタ哲学を継承するラーマクリシュナ・ミッションの解釈である。スヴァーミー・アショーカーナンダはいう、

『奉仕は同情から生れる。苦しみ悩む人間は神なので、人間の中にある神聖なものを意識することが奉仕の動機となります。そして奉仕は神の実現の力強い方法とな

ります。』

こういう考えかたについてロマン・ローランは批評する。

『私をして忌憚なく云わしむれば、「神聖なもの」を全然考えないで、ただ苦しんでいるが故に、苦しむ者に奉仕する方が一層麗わしく、一層純粋で優っているように思われる。「神聖なもの」を忘れてしまうことが、それを絶えず考えるよりも却って「神聖なもの」に恐らく近いであろう。この忘却はラーマクリシュナが云う意味の「執著」の痕跡を与えないわけである。[9]』

現代の恐らく多くの人々はロマン・ローランの見解に賛成するであろう。

慈悲の徳は世俗人でも実践し得るものと考えられていた。

北方仏教の伝説によると、アショーカ王はギリカ（Girika）という狂暴な悪人を死刑執行人に任命して、牢獄を造らせ、残酷な殺戮を行わせた。たまたま一人のビク（比丘）をとらえたが、かれを殺そうとすると、神通を現じたので、殺すことができなかった。アショーカがその話を聞いて、かれを見に行くと、そのビクはアショーカに、慈悲の心を起し、ひとびとに安心感を与え、ストゥーパを建てよ、ということをすすめた。

『この故に、大なる人王よ、一切の衆生に（たいし）、まさに慈悲心を起して、無怖畏を施与すべし。まさに世尊の意を満して、広く舎利塔を起すべし。』[10]

そこでアショーカは合掌懺悔して仏教に帰依することになったという。「大慈悲」とか「大悲」とかいうと、仏にのみ存するものであって、凡夫とは無関係のように考えられているが、しかし仏ならざる凡夫もこれをめざさねばならぬ。『法華経』では修行者は『一切衆生に於いて、大悲の想を起す[11]』べきものとされ、大梵天の一つにも「大悲」(Adhimātrakāruṇika)[12] という名のものがある。もちろん仏の大悲(mahākaruṇā)とは区別さるべきであるが、内的な連絡は存すると考えられる。

ところでわれわれ凡夫にとっては、慈悲ということは一つの要請にほかならない。われわれが慈悲を実践するということは、極めて困難な課題である。われわれがそれを実践し得るところのものは、極めて微々たるものにすぎない。理想と現実との隔りを、痛切に反省したのは、特に親鸞であった。かれは自分を省みて「小慈小悲もなき身」であるとの悲歎述懐をもらしている。

『小慈小悲もなき身にて
有情利益はおもふまじ
如来の願船いまさずば
苦海をいかでわたるべき[13]』

『是非しらず邪正もわかぬ
　このみなり
　小慈小悲もなけれども
　名利に人師をこのむなり。[14]』

そうしてわれわれ凡夫にとっては、かかる反省を通じてこそ、慈悲の理想が、幾分なりとも現実のものとして具現され得るのである。ここにわれわれの宗教的実践の基礎が存する。

かかる立場に立つならば、自己の無力に徹して仏に帰投することが、慈悲行となってあらわれる。信心がすなわち慈心となる。「慈心[15]」とは、浄土真宗の教学によると、『一念喜愛の心』『信ずると同時におこる喜愛の心』にほかならぬのである。

慈悲の完全な具現者は仏である。仏は大慈悲そのものである。だから仏は悪人を罰するということが無い。神は罰を下すけれども、仏が罰を下すということは考えられない。仏の大慈悲は、悪人をますますあわれむのである。だから、悪人が救われるということは、仏教においてのみ可能なのである、という主張が成立する。

(1) Walter Ruben: Einführung in die Indienskunde, Berlin 1954, S. 128.
(2) 『大智度論』第二七巻（大正蔵、二五巻二五六頁下）。

(3)『大無量寿経』悲化段。これに相当する梵文は存在しない。
(4)『衆を愛するの心厚からざるは、監院の衆を護する所以に非ずと。』(『道元禅師清規』「日本国越前永平寺知事清規」監院、大久保道舟氏校訂、岩波文庫本一七三頁)。
(5) スティラマティ『唯識三十頌註解』二八頁八行。
(6) 梵文『菩薩地』二四八頁八行。
(7) 同、二四九頁六行。
(8)『宝行王正論』(大正蔵、三二巻五〇四頁下)。なお Bodhis. pp.367-368.
(9) ロマン・ロラン著、宮本正清氏訳『ラーマクリシュナの生涯』(みすず書房、昭和二五年)四二七—四二八頁。
(10)『阿育王経』第一巻(大正蔵、五〇巻一三四頁下)。なお『阿育王伝』第一巻(大正蔵、五〇巻一〇一頁)、Divyāvadāna, pp.374-380.
(11) 安楽行品。sarvasattvānām cāntike maitrībalam na vijahāti. (p.244) なお菩薩或いは修行者について『かくの如き諸人等は、漸々に功徳を積み、大悲心を具足して、皆已に仏道を成じき。』(『法華経』方便品)、『大悲を興して衆生を愍れみ、慈弁を演べて法眼を授く』(『大無量寿経』上本)、『其の大悲は深遠微妙にして』(同、下本)、『善知識の大慈悲を以て為に阿弥陀仏の十力威徳を説く』(『観無量寿経』末)などとしるされている(いずれも相当サンスクリット文欠)。
(12) 化城喩品(梵文一五一頁)。
(13)『悲歎述懐和讃』。
(14)『善光寺和讃』。
(15) 香月院深励『教行信証講義』(仏教大系本五四四頁)。

二　信仰は行為のうちにあり

信仰と慈悲とこの二つの心の同一視が認められるならば、また以上と逆のことがいわれねばならぬ。すなわち、凡夫の身としてたとい僅かであろうとも、慈悲心を行為のうちにあらわそうとする努力のうちにこそ信心があり、そこにこそわれわれは仏を認めるのである。『慈心を行ずる者は、即ち文殊を見たてまつることを得。[1]』と経に説かれている。もんじゅぼさつは慈悲行そのものの中にあらわれるのである。日本の浄土教でも源信は、たとい僅かでも善を行おうとする心もちが尊いということを主張している。

『問ふ。凡夫は、勤め修するに堪へず。何ぞ、虚しく弘き願を発さんや。

答ふ。たとひ勤め修するに堪へざらんも、なほすべからく〔慈〕悲の願を発すべし。その益の無量なること、前後に明すがごとし。調達（＝デーヴァダッタ）は六万蔵の経を誦みしも、なほ那落（＝地獄）を免れざりき。慈童は一念の〔慈〕悲の願を発して、忽ち兜率《とそつ》（みろくぼさつのまします天）に生るることを得たり。（中略）いかにいはんや、誰人か、一生のあひだ、一たびも「南無仏」と称へず、一食をも衆生に施さざるものあらん。すべからくこれら微少の善根を以ても、みな応《まさ》に四弘の願行に摂り入るべし。故に行と願と相応して虚妄の願とはならざるなり。[2]』

興正菩薩叡尊が鎌倉時代に、貧しき人々、孤独なる人々、病める人々のために一身を投げ捨てて救済事業につとめたことは有名な史実であるが、かれは前掲の文殊経の文句にもとづいて「慈悲心と文殊とは名は異にして体は一である。貧窮孤独苦悩の衆生は文殊の変化である」という信心から活動を発したことであった[3]。

自己のすくいということは、不断の実践修行のうちに存するということを、禅宗では主張する。たとえば仏通禅師はいう。

『一切の諸法は、皆是れ実相平等なりとさとるを、上求菩提といひ、衆生まよひて、而《し》かもしらざることをかなしむゆゑに、下化衆生と名くるなり。此大智大悲の二心は、無心無念の心地の上に論ずる也。故に無縁の智、無縁の悲と名くるなり。全く有念有心の悲智にはあらざるなり。

問、如是無心無念の大智大悲の菩提心を起して、何のためにか亦かさねて菩提の行をつとむべきや。

答、無明煩悩の迷は、無始已来熏習年久し。無心無念の菩提心は、開悟日浅し。これによつて縁にふれ境にあふとき、ややもすれば愛執怨心も起り、法性のさとりもきはまらず、しかれば天をもかけらず、地をもくぐらず、火にもやけ、水にもおぼれ、過去のこともしらず、現在のこともくらく、未来のことも覚えず、是故に分段・変易の二種の生死を出ることなき也。たとへば日比《ひごろ》は石瓦と思ひつるを、今日は玉鏡と思ふて取り納めたりと云へども、さびくもりたれば、鏡も影をうかべず、玉も宝をふらさざるがごとし。日比は生死煩悩の石瓦と思ひつるを、今日は実相真如の玉鏡とさとりて、無心無念なれども、熏習煩悩垢陰いまだのぞかざれば、一切の法に於て自在を得ず。このゆゑに過現当の三世のことにもくらく、六通に一通もなし。しかれば無心無念の発菩提心の上に、又かさねて菩提の行をつとめて、煩悩をのぞくこと、玉鏡を得てときみがくが如くなり。(4)』

実践における理想の境地は、われわれにとってはつねにかなたの世界であろう。われわれが実現し得ないが故に理想であるのかもしれない。われわれは外にあらわれた行為を以て信仰をはかることはできない。しかし信仰はおのずから行為的努力となってあらわれて来るはずである。

（1）『文殊師利般涅槃経』（大正蔵、一四巻四八一頁上―中）。
（2）『往生要集』（花山信勝博士訳註、岩波文庫本一五四頁）。
（3）辻善之助博士『日本仏教史』上世篇ノ一（二二三頁）。
（4）『枯木集』（『禅門法語集』中、四五八頁）。

三　禅における行為と慈悲

総じて禅宗では人間の慈悲を強調する。栄西はみずから仏前に大慈悲の実践を誓った。

『この故にわれ今かくのごとく廻向し、かくのごとく発願す。生々世々に般若に値遇し、最上如来の禅法を修行し、諸の衆生と同じく共に大悲方便を修習し、未来の際《はて》を尽くすまで疲倦すること無からん。(1)』

出家者は仏の慈悲を身に体現した人でなければならぬ。例えば道元はいう、

『ただ仏祖の行履菩薩の慈悲を学して、諸天善神の冥《ひそか》に照す所を慚愧して、仏制に任せて行じもてゆかば一切苦《く》るしかるまじきなり。(2)』

そうして慈悲は修養によって身にそなわるものである。

『仏道には慈悲智慧本よりそなはる人もあり。設《たと》ひ無きひとも学すれば得《う》るなり。只身心を倶に放下して、仏法の大海に廻向して、仏法の教に任せて、私曲を存ずることなかれ。(3)』

慈悲は修行者の本質であり、それさえ失わなければよい。他の人からどう思われようと、それは意に介するところではない。

『慈悲あり道心ありて愚癡人に誹謗せられんは苦しかるべからず。無道心にて人に有道と思はれん、是れを能々《よくよく》つつしむべし。[4]』

『身をくるしく一切を省約して慈あり道あるを、まことの行者と云ふなり。』

だから禅宗にあっては、高僧と呼ばれる人々は生身の仏である。信徒から拝まれる。例えば為霖はいう、

『高僧とも称する人は、婬愛の不婬を犯さず、臭肉の不潔を喰はず、堅く戒行を持て名利の邪念を捨て、仏道の大道を脩して、大悲心は仏菩薩にひとしく、一切衆生を憐みて、日夜是れを救はんことを願とす、誰れか是れを尊ばざらん。[5]』

しかし禅宗ではこのように説いたけれども、大乗仏教一般では出家修行者のみならず、世俗生活のうちにある一般人でも慈悲の実践をなすべきであるということを説くのである。例えば『華厳経』では次のようにいう、

『仏子、菩薩摩訶薩は家宅の中に在って妻子とともなれども、未だ曾つて暫くも菩提（＝さとり）の心を捨てず。正念に薩婆若（＝Sarvajña　全知者）の境を思惟して、自ら度し、かれを度し、究竟を得しめ、善き方便を以て己が眷属を化し、菩薩の智に入らしめ、解脱を成熟せしむ。ともに同じく止まるといえども、心に所著無く、以て大悲を本として居家に処り、慈心を以ての故に妻子に随順して、菩薩清

浄の道に障碍する所無し。[6]』

そうして禅宗でも鈴木正三の職業倫理の説は、このような在家仏教の思想を受けているのであった。

(1) 『興禅護国論』(大正蔵、八〇巻一七頁上)。
(2) 『正法眼蔵随聞記』第二巻。
(3) 同、第五巻。
(4) 同、第二巻。
(5) 『ますほのすすき』(『禅門法語集』中、三五二頁)。かれはまた他の箇所では次のようにいう、『僧は、其の大切なる身を父母よりもらひ受て、仏祖に奉り、大道を修して、慈悲広大願行を続け、永く我が身命ををしまず、仏法の大海に入て、多身の衆生を扶けんが為めに、我が一身をなげすつるを捨身とも云ふ、是れ則ち棄恩入無為時真実報恩と云ふなり。是れを出家の孝と名く。』(同上、三四三頁)。また鉄眼は『弘慈利物』と称讃されている(『鉄眼禅師仮字法語』岩波文庫本一二三頁)。
(6) 唐訳『華厳経』第二四巻(大正蔵、一〇巻一二九頁下)。

四　慈悲の完全な実践は不可能である——悪人正機説における慈悲

慈悲の完全な実践ということは非常に困難な問題である。生きものを殺すなかれ、という戒律を最も徹底的に守って来たのはジャイナ教徒である。かれらは肉食を行わないのみならず、職業に関していろいろ制限を受ける。木樵になってはならない。鳥のねぐらを脅かすからである。沼地を乾拓してはならない。水中の虫を殺すからである。車を曳いてはならない。道で虫を踏み殺すおそれがあるからである。出家修行者には特に厳重な戒律の実践が要求されるから、かれらは虫を吸い込まないようにマスクをし、水も水こしでこして飲まなければならない。のみならず食物を煮炊きしてはならぬと規定されている。

『生きものに対する憐れみの故に、煮炊きすべからず。また人をして煮炊きせしむべからず。水・穀物・地・材木のうちにいる生きものが、食物や飲物の中で殺される。それ故にビク（出家修行者）は人をして煮炊きせしむべからず[1]。』

だから大昔しのジャイナ教の修行者はなまものばかり食べていたらしい。しかし今日では午前中なら煮炊きした食物を食している（正午以後は何ものも口にしない）。こういう極端な戒律は、けっきょく守ることが困難なのであり、したがって出家修行者といえども、完全な実践は難しいということが言われる。

人間は不殺生の誓いを立てたとしても、なお実際問題として殺生せざるを得ない。この冷酷な事実は、インドの叙事詩においても反省されている[2]。

この現実を、まともに、偽らずに直視したのは親鸞である。かれによれば、凡夫はすべて悪人であり、「小慈小悲もなき身」である。したがって凡夫はみずからの力によって自分を救うことはできない。慈悲は如来より来るものであるとされている。そうして悪人であるが故に、無量寿仏の本願に救われる正しい資格がある（悪人正機）という立場に立っている。しかし浄土真宗でいう、いわゆる悪人正機の説とは、悪人であることを称讃するのではなくて、悪人の自覚のもとに救われて、み仏の力によりおのずから善に転ずることであらねばならぬ。悪人正機ということが、浄土真宗の学者の間では盛んに論議されているが、この点をわれわれに納得のゆくように解明されんことを希望する。以下に少しく管見を述べてみたい。

まず親鸞の教説の考究に入る前に、禅宗及び親鸞の師・法然の、悪に対する見解を見ておこう。禅宗においても、仏の慈悲に救われることを説くが、しかし極悪人に対しては救いの手がのびない、と考えていた。例えば月庵は次のようにいう、

『出家の人の無道心なるは、仏の衣鉢を盗み、僧比丘尼の姿を似するばかりにて、徒に信ぜず、驚かず、善知識の勧めに逢へども、驚かず、恐れず、只だ己れが情を本として、思ふやうにふるまひ、懶惰懈怠にして、無慚放逸なれば、今生一生のみにあらず、縦ひ無量億劫を歴るとも、仏法の種なく、縁もなければ、道心の発ること総てあるべからず。永く人身を失ひて、悪趣に沈み果てなん事、是れ大なる苦に

あらずや。仏も無縁の衆生を度し玉はねば、如何なる慈悲方便も叶ふべからず、誠に憐愍すべき者なり。(3)』

『仏力〔も〕業力に勝ざれば、縦ひ仏菩薩の慈悲方便深くとも、我が造れる罪の悪業重からん人をば、総て総て助くべからず。只みづから進み励まずんば、争《いか》でか生死を截断すべき。(4)』

だから禅宗の立場では真宗の悪人正機説を認めることができない。或るばくち打ちが盤珪禅師に向っていった、「わたくしは一向宗で、一心にみだ如来をたのみ、御たすけは一定《いちじょう》と心得ています。だからつねに報謝の念仏をとなえています」と。盤珪は答えていった、『常にばくちをうち、色々悪事をなして、御助けを願ふは、弥陀如来をたぶらかすに似たり。(5)』

次に法然の場合についてみるに、かれは仏にたよるということは、決して悪を是認しているのではないということを明言している。

『たとへば人の親《おや》の一切の子を悲《かなし》むに、其中によき子もあり、あしき子もあり、ともに慈悲をなすといへども、悪を行ずる子をば目をいからし杖をささげていましむるが如し。仏の慈悲のあまねき事をききては、罪をつくれとおぼしめすといふおもひをなさば、仏の慈悲にも洩れぬべし。……父母の慈悲あればとて、父母の前にて悪を行ぜんに、その父母喜ぶべしや。嘆きながら捨てず、あはれみながらにくむ也。仏も又もてかくの如し。(6)』

だからかれにあっては仏の本願に救われることを誇って悪を行うものは、かえって仏の慈悲にもれることになるのである。

かかる見解に対して、親鸞の立場はいかなるものであったであろうか。

(以下においては、真宗の教学ではなくて、人間親鸞の慈悲観を検討したい。したがってかれが民衆に訴えたところを主として問題としてみたい。)

さて親鸞はひとえにわれわれ凡夫が無量寿仏の慈悲によって救われるということを強調する。

『慈悲方便不思議なり
　真無量を帰命せよ。(7)』

無量寿仏は、もとは法蔵びくという修行者であったが、はるかなる昔に衆生済度の誓願を立て修行を重ねて仏となり、いまは西方極楽浄土にまします。

『如来の作願をたづぬれば
　苦悩の有情をすてずして
　廻向を首としたまひて

大悲心をば成就せり[8]。』

その無量寿仏の大慈悲の力によってわれわれは救われるのである。

『慈光はるかにかふらしめ
ひかりのいたるところには
法喜をうとぞのべたまふ
大安慰を帰命せよ[9]。』

この世で迷い悩んでいる生きとし生けるものどもを救うために、この仏はしばらくもはたらきを休むことがない。

『観音勢至もろともに
慈光世界を照曜し
有縁を度してしばらくも
休息《くそく》あることなかりけり[10]。』

ここで人はいうかもしれない、――われわれは仏の慈悲なるものを認めることができない、と。しかしそれはわれわれの罪障が深重であり、煩悩にわれわれの眼が礙えられて、その偉大なる慈悲の光を認めることができないのである。われわれ自身は気づかないけれども、実はみ仏の慈悲のうちに摂せられているのである。

『煩悩にまなこさへられて
摂取の光明みざれども
大悲ものうきことなくて
つねにわが身をてらすなり。[11]』

われわれは罪障の深いものであるから、如来の悲願（慈悲にもとづく誓願）にたよらなければ、この迷いの生存から離脱することは不可能である。

『末法第五の五百年
この世の一切有情の
如来の悲願を信ぜずば
出離その期はなかるべし。[12]』

『この悲願ましまさずば、かかるあさましき罪人、いかでか生死を解脱すべき。[13]』

本願を信じて救われることによってのみ、人は大慈大悲にあずかることができるのである。[14]

かれは特殊な宗派を開創するという意識はなかった。かれの説く「真宗」とは、実はかれの師・法然によってひろめられた浄土教のことにほかならないが、それはまた『如来の悲願』にほかならぬと考えていた。[15]

かかる立場に立つと、穢れたこの世界を離れて浄土に向うという人間のはたらきは、実は人間の行うことではなくて、如来がそちらへ転じ向わしめること（廻向《えこう》）にほかならぬ。如来に向うはたらきであるにもかかわらず、しかも如来自身のはたらきなのである（これを往相の廻向と名づける）。また浄土に生れ仏となった人間はこの穢れた世界にもどって来て生きとし生けるものを救うことにつとめるのであるが、これもやはり如来自身のはたらきにほかならない（これは還相《げんそう》の廻向とよばれる）[16]。人間の立場から見ると、往くと還るとの二つの方向づけがあるわけであるが、如来の立場から見ると同じ大慈悲の異った二つのあらわれかたにすぎない。これが『大悲往還の廻向[17]』と呼ばれるのである。

『往相廻向の大慈より
還相廻向の大悲をう
如来の廻向なかりせば
浄土の菩提はいかがせん[18]。』

そこで実践に関しては次のような結論が導き出された。人間のあさはかな分別によって慈悲の実践などできることではない。人間が念仏によって救われて、仏となってこそ、慈悲のはたらきを為し得るのである。だから人間として為し得ることは、宗教的にはただ念仏をとなえることだけであり、それがまさに慈悲行なのである、と。

『慈悲に聖道・浄土のかはりめあり。聖道の慈悲といふは、ものをあはれみ、かなしみ、はぐくむなり。しかれども、おもふがごとくたすけとぐること、きはめてありがたし。また浄土の慈悲といふは、念仏して、いそぎ仏になりて、大慈大悲心をもて、おもふがごとく衆生を利益するをいふべきなり。今生に、いかにいとをし、不便とおもふとも、存知のごとくたすけがたければ、この慈悲始終なし。しかれば、念仏まうすのみぞ、すえとをりたる大慈悲心にてさふらふべきと、云々。[19]』

そうして念仏をとなえるということは、われわれが救われてあることに対する感恩報謝の念からなされることなのである。『一生のあひだまうすところの念仏は、みなことごとく如来大悲の恩を報じ、徳を謝すとおもふべきなり。[20]』

『如来大悲の恩をしり

称名念仏はげむべし。[21]』

われわれが感恩報謝の念仏をとなえることができるということも、実は如来の御はからいなのである。『弥陀の大悲大願の不思議にたすけられまひらせて、生死をいづべしと信じて、念仏のまふさるるも、如来の御はからひなりとおもへば、すこしもみづからのはからひまじはらざるがゆへに、本願に相応して実報土に往生するなり。[22]』

われわれが正法の説教を聴聞することをよろこぶということも、み仏の慈悲のいたすところである。蓮如は次のように説いた。

『物に厭くことはあれども、仏に成ることと弥陀の御恩をよろこび、あきたることはなし。焼けも失せもせぬ重宝は、南無阿弥陀仏なり。しかれば、弥陀の広大の御慈悲殊勝なり。信ある人をみるさへたふとし。よくよくの御慈悲なり。(23)』

信仰とは、人間個人の意志によって現出されるものではない。如来の起さしめたもうものなのである。

『釈迦弥陀は慈悲の父母
　種種に善巧方便し
　われらが無上の信心を
　発起せしめたまひけり。(24)』

『いかに不信なりとも、聴聞を心にいれて申さば、御慈悲にて候あひだ、信を得べきなり。ただ仏法は、聴聞にきはまることなり。(25)』

親鸞の教説によると、このようにわれわれのうちにおける神聖なるもの、宗教的なるものは、すべて超越的な如来に起因するものであり、われわれ凡夫を離れたものであるように、説かれている。親鸞の『教行信証』のうちには、専らあみだ仏に対する感恩歓喜のこころが表明され、蓮如の『御文』の中に出て来る「慈悲」とは専ら仏の慈悲のみであり、人間における慈悲ということは説かれていない。

しからば親鸞教においては、人間の慈悲ということは全然説かないのであろうか？　親鸞の教えによると、凡夫といえども救われたならば、全く仏そのものとなるのである（これは親鸞教である以上、信仰様式がいかに類似していても、キリスト教やマホメット教と根本的に異るところである）。そうして仏による救いは、信心を得た刹《せつ》那《な》に得られるということになっている。しからば信心を得た凡夫は、凡夫でありながら救われているのであり、仏の慈悲行にあずかることになる。凡夫の心がそのまま大慈悲心に転ずるのである。

『弥陀智願の広海《こうかい》に
　凡夫善悪の心水も
　帰入しぬればすなはちに
　大悲心とぞ転ずなる。(26)』

仏に帰依したてまつる無我の心がそのまま慈悲心となるのである。

『願作仏心は即ち是れ度衆生心なり、度衆生心は即ち是れ衆生を摂取して、安楽浄土に生ぜしむる心なり。この心、即ち是れ大菩提心なり。是の心、即ち是れ大慈悲心なり。この心、即ち是れ無量光明慧に由りて生ずるが故に、願海平等なるが故に発心等し。発心等しきが故に道等し。道等しきが故に大慈悲等し。大慈悲は是れ仏道の正因なるが故に。(27)』

信心を得たものは、如来の大悲にあずかることとなる。

『願土にいたればすみやかに
　無上涅槃を証してぞ
　すなはち大悲をおこすなり
　これを廻向となづけたり。(28)』

しからばこの苦悩に富み罪悪の多い現実世界がそのまま絶対的意義を有することとなる。

『往相の廻向ととくことは
　弥陀の方便ときいたり
　悲願の信行えしむれば
　生死すなはち涅槃なり。(29)』

われわれの生死流転の境地が実は究極の境地であるということになる。(30)

ここにおいてわれわれは、親鸞教が実は現実の人間生活における慈悲行を基礎づけるものであるということを知り得るのである。

『如来大悲の恩徳は
　身を粉にしても報ずべし
　師主知識の恩徳も
　　ほねをくだきても謝すべし。』(31)

ここでは身を捨てる覚悟を以てする奉仕の行が要請されている。現在の浄土真宗教徒のうちには、「信仰さえ確かなら、それでよい。信仰と行為とは別のものである」といって、特に積極的な行為によって人々のために有意義なことをしようとせず、また為さないことを誇っているかのごとき人々があるが、それはこの点で親鸞の教説から明らかに背反しているものであろう。

親鸞は現実の社会的実践についてはこれといって詳しい規定を残していない。しかしそれはかれの謙虚な信仰心に由来することであって、決して社会的実践を無視していたのではない。

親鸞の教説における慈悲の観念を論理的につきつめて追究して行くと、どうしても右のような結論に到達せざるを得ないのである。そうしてこのような慈悲観は、親鸞や蓮如の言句のうちにひとりでにすがたを現わしているのである。

まず慈悲が、信仰を得た人間によって具現されるものであることを、親鸞も表明せざるを得なかった。

『日本国帰命聖徳太子
仏法弘興《ぐこう》の恩ふかし
有情救済《くさい》の慈悲ひろし
奉讃不退ならしめよ。[32]』

聖徳太子は、或る時期の皇室至上主義の立場の人々から見るならば、神聖にして犯すべからざる人格であろうが、仏教の立場から見るならば、やはり一個の世俗の凡夫である。この聖徳太子の社会的実践のうちに親鸞は「慈悲」を認めたのであった。

そうして行為のうちに慈悲を具現するという思想は、そののちにも積極的に強調されている。覚如の歌にいう、

『あはれみをものにほどこす心より
外に仏のすがたやはある』

慈悲行以外に仏教はありえないのである。また蓮如も、人間相互の間の交際にも、つねに慈悲の精神が具現されねばならぬということを説いている。

『総別人にはおとるまじきと思ふ心あり、この心にて世間には物も仕習ふなり。仏

法には無我にて候上はひとにまけて信をとるべきなり、理をまけて情ををるこそ仏の御慈悲なり、と仰せられ候[33]。』

そうして真宗の信徒は、個人としての蓮如の行動のうちに慈悲を認めていた。

『雨もふり、又炎天の時分は、つとめながながしく仕候はで、はやく仕《し》て、人をたたせ候がよく候由、仰せられ候。これも御慈悲にて、人々を御いたはり候大慈大悲の御あはれみに候[34]。』

したがって浄土真宗においては、教義学の上では専ら如来の慈悲を強調するにもかかわらず、それは人間と無関係であることは許されず、人間の行為のうちに具現されることが要請されるのである。これは恐らく宗教においては、個人が世俗的人間からそむいて絶対者と直面しようとするにもかかわらず、絶対者との交渉が人倫関係を通じて実現されるという基本的構造に由来しているのであろう。このような道理をつきつめて考えてみると、いま慈悲の問題に関してみるに、浄土真宗が禅宗等の聖道門と対立すると考えられているのは、宗派成立の歴史的社会的事情とか経典解釈にとらわれた教義学などの上だけのことであって、宗教倫理的な人間の実践的構造の把捉のしかたに関しては、さほど異るところが無いように考えられる。

（1）　pāṇabhūyadayāṭṭhāe na paye na payāvae | jaladhannanissiyā jīvā puḍhavikaṭṭanissiyā hammanti bhattapāṇesu tamhā bhikkhū na payāvae ‖ (Uttarajjhayana, XXXV, 10-11.)

（2）　Mahābhārata III, 208, v.23-34.　この部分については故池田澄達教授の訳がある（仏誕二千五百年記念学会編『仏教学の諸問題』五一六―五一七頁）。

（3）　『月庵仮名法語』（『禅門法語集』上、一八七頁）。

（4）　同、二〇七頁。

（5）　『仏智弘済禅師法語』（『盤珪禅師語録』岩波文庫本一〇五頁）。

（6）　『十二個条問答』（『法然上人全集』三五二―三五三頁）。

（7）　『讃阿弥陀仏偈和讃』。

（8）　『正像末和讃』。なお、

　　『弥陀の大悲ふかければ
　　仏智の不思議をあらはして
　　変成男子の願をたて
　　女人成仏ちかひたり』（『浄土和讃』）。

（9）　『讃阿弥陀仏偈和讃』。なお白隠は「浄家」は『無量寿尊大慈善巧の専修』であるという（『遠羅天釜』、『禅門法語集』中、一〇〇頁）。

（10）　『讃阿弥陀仏偈和讃』。

（11）　『極重悪人唯称仏、我亦在彼摂取中、煩悩障眼雖不見、大悲無倦常照我。』（『正信偈』）。

（12）　『正像末和讃』。『悲願の一乗帰命せよ。』（『浄土和讃』）。なお『悲願』という語は処々にあらわれている。

（13）　『歎異鈔』第一四条。

(14)『仏智不思議をうたがひて
善本徳本たのむひと
辺地懈慢にむまるれば
大慈大悲はえざりけり。』(『正像末和讃』)。
(15)『如来の悲願を弘宣せり。』(『正像末和讃』)。
『像末五濁の世となりて
釈迦の遺教かくれしむ
弥陀の悲願ひろまりて
念仏往生さかりなり。』(同上)。
(16) この二種の廻向のことは曇鸞に由来する。『無量寿経優婆提舎願生偈註』巻下(大正蔵、四〇巻八三六頁上)。
(17)『教行信証』四、末尾。
(18)『正像末和讃』。次の和讃も同趣意であろう。
『釈迦弥陀の慈悲よりぞ
願作仏心はえしめたる
信心智慧にいりてこそ
仏恩報ずる身とはなれ。』(同上)。
(19)『歎異鈔』第四条。
(20) 同、第一四条。
(21)『疑惑和讃』。
(22)『歎異鈔』第一一条。

(23)『蓮如上人御一代聞書』実悟記。
(24)『高僧和讃』。
(25)『蓮如上人御一代聞書』実悟記。
(26)『正像末和讃』。
(27)『教行信証』三。
(28)『高僧和讃』。極楽世界に生れた衆生が大慈悲をもっていることは、『大無量寿経』のうちに説かれている。かれらは『曠《ひろ》きこと虚空のごとし。大慈等しきが故に。』（下本、第八章、梵文欠）。かれらは『諸の衆生において大慈悲饒益の心を得たり。』（同上）。極楽の池から聞える音声の一つとして『大慈悲の声』がある（上末。梵文には mahāmaitrīmahākaruṇā mahāmuditāmahopekṣāśabda とある。四〇頁）。
(29) 同上。
(30) 悪人正機に近い思想が、西洋ではプロテスタンティズムに見られるようであるが、シェリングの場合には顕著である。『神が自らを完全に啓示すべきとすれば、恩寵（慈悲 Gnade）を示すことが必要である。恩寵を示すことは、罪が犯されることを前提としている。神の恩寵の機会となる限り、人類の堕落は救いをもたらす幸福な罪である。そういう罪が犯されなかったとしたならば、神は自己を恩寵を施す慈悲深い神として啓示することはできなかったのである。』（九鬼周造『西洋近世哲学史稿』下、岩波書店、昭和二三年、二四九―二五〇頁）。
(31)『正像末和讃』。
(32)『皇太子聖徳奉讃』。
(33)『蓮如上人御一代聞書』実悟記。

(34) 同上。

五　あらゆる美徳の基底としての慈悲

さて人倫における実践が慈悲に基礎づけられるものであるとすると、慈悲は一切の美徳の成立する根柢であるといわねばならぬ。ナーガールジュナが六つの完全な徳（パーラミター）を成立せしめる根柢として慈悲を立てたことは、すでに指摘したとおりである。他人に奉仕するとか、心を統一し平静ならしめるとか、戒律を守るとかいうような諸の美徳は慈悲にもとづいてのみ成立するのである。このような見解は、その後の仏教にも継承されている。例えば、大乗の『大パリニルヴァーナ経』では、『一切の声聞・縁覚・菩薩・諸仏如来のあらゆる善根は慈を根本となす。[1]』という。シナで成立した『慈悲道場懺法』（第一巻）では次のようにいう、

『この慈悲は諸の善の中の王なり。一切衆生に帰依せらるる処なり。日の昼を照らすがごとく、月の夜を照らすがごとし。人の眼目となり、人の導師となり、人の父母となり。人の兄弟となり、同じく道場に帰して真の知識たらん。慈悲の親は血肉よりも重く、世々相随うて、死すといえども離れず。[2]』

また日本でも民衆とともにあった禅僧・至道無難も慈悲の徳を第一に立てている。

『今の世に仏法ありがたしと思ひ、慈悲第一にして、是非をはなれ、身のあくをさり自他の隔てなく、身念すきときえてなき人、生死万物をはなれ、解脱を得るなり。(3)』

ただし白隠が民衆に道徳を説く場合には、慈悲と正直とたえ忍ぶことの三者を併挙している。

『慈悲と正直堪忍三つを、自身に勧めりや人まで見習ひ、教へず自然と導き進ませ。(4)』

『夫れより平日たやすく、慈悲心正直堪忍、三つをたもつて、出る息入る息、無理せぬ様にと工夫をめされよ。(5)』

慈悲の実践には周到な思いやりを必要とする。道元は、今日のわれわれの日常生活にも適切な指針を与えてくれる。『他の非を見て悪しと思ふて慈悲を以て化《け》せんと思はば、腹立まじきやうに方便して、傍ら事を云ふやうにてこしらふべきなり。(6)』

諸の美徳と慈悲との関係は、なお今後考究さるべき課題であろう。(7)

（1）　南本『大般涅槃経』第一四巻。
（2）　『慈悲道場懺法』第一巻（大正蔵、四五巻九二二頁下―九二三頁上）。
（3）　『無難仮名法語』（『禅門法語集』上、三八七頁）。またかれは『心の動、第一慈悲なり。』ともいう（同上、上、三五六頁)。

(4)『おたふく女郎粉引歌』(同、中、二三七頁)。

(5)『大道ちよぼくれ』(同、中、二二三頁)。

(6)『正法眼蔵随聞記』第一巻。

(7) Madhyāntavibhāgaṭīkā (p.151) では、maitrī, karuṇā 等は善行 (sucarita) として数えられている。ジャイナ教でも同情 (anukampā) は楽を感ぜしめるものであると説く (Tattvārthādhigama-sūtra VI, 13)。他方、karuṇā のないことは、悪徳と見なされている (Sn. 244)。

第二節 社会的活動

一 教えを説くこと

そこで次に具体的な問題として宗教の社会的実践はいかなるしかたで展開されるかということが問題となる。仏教では他人のための奉仕 (dāna) を強調するのであるが、それはいかなるしかたで行わるべきであるか? (いまここで仏教の実践論を述べようとするのではない。ただ仏典乃至古典の中で、「慈悲」ということばで表現されている実践的行為乃至実践思想を検討しようと思う。)

大乗の修行者が慈悲心を起すと、『(ひとびとを) 一切の苦しみから救おうとめざして、自身を顧みなくなる。自身を顧みなくなると、生ける者どもに対して内外の事物を施与するようになる。またそれらの生ける者どもを利せんがために、他人から世間的出世間的なものを求めて倦み疲れることがない(1)』

ところで、人々に与え、人々を利するということは、いかなるしかたによって可能なのであろうか。

仏教が一つの思想体系である以上、それは他人に伝えることによってひろまるのであり、人に伝えなければ他人を救うことはできない。したがってそれを伝えるということは慈悲であるとされる。すでに原始仏教以来、教えを説くことが慈悲の精神によるものであると考えられていたことは、すでに指摘したとおりである(2)。

かかる見解はまた仏教外の諸派とも共通である。ジャイナ教でも迷っている人々に対して法を説き教えて精神的な眼を開かせるのが同情(あわれみ　anukampā)なのである(3)。

サーンキヤ派のカピラ(Kapila)はサーンキヤの教えをアースリ(Āsuri)に『同情(あわれみ)を以て伝えた』(anukampayā pradadau)といわれる(4)。

そうして原始仏教においては、人々の身体のために気づかうことよりも、むしろ精神のために気づかうことのほうが、一層重要視されていたようである。

例えば、悪魔ナムチ（Namuci）が修行中の釈尊に対してあわれみの語を発して（karuṇaṃ vācaṃ bhāsamāno）修行をやめさせようとしたという(5)。しかしこれは真の慈悲ではない。身を苦しめても道を求め、人々のために教えを説くのが、真の慈悲である、と考えたのである。つづいて大乗仏教においてもまた法を説くことが大きな慈悲行であると考えられた。

『願わくは大慈悲を以て、広く甘露の門を開き、無上の法輪を転じたまえ。』（『法華経』化城喩品）(6)。

『仏、慈愍をもて大道を顕示したもう。』（『大無量寿経』下本）。

『当来の世に経道滅尽せんに、我れ慈悲を以て哀愍してひとり此の経を留めて止住すること百歳ならしむ。』（同、下末）。

そのほかこれに類した表現は非常に多い(7)。

シナの仏教徒は『願わくば、自の三宝、慈悲もて、証明したまえ(8)』と祈願し、道元は如浄に向って、

『和尚、大慈《だいず》大悲、外国遠方の小人の願ふ所は、時候に拘らず、威儀を具せず、頻

頻に方丈に上りて、愚懐を拝問せんと欲す。無常迅速にして、生死事大《しょうじじだい》時人《ときひと》を待たず、聖を去らば必らず悔いむ。本師堂上大和尚大禅師、大慈大悲、哀愍して道元が道を問ひ法を問ふことを聴許したまへ。伏して冀くは　慈照。

小師道元百拝叩頭して上覆す。(9)』

と願っている。

かかる態度は、したがって日本の仏教にも継承されている。白隠は『吾が師、大慈大悲、願はくば内観の大略を書せよ。(10)』と懇願し、沢水は『如来微細の真語、ただただ人をして真正の見解を得せしめんための大慈大悲なり。(11)』という。鉄眼が一切経を開版したのは、『慈風を当代に扇ぐ』ことにほかならなかった。(12)一般に禅宗において「慈悲」というときには、出家者或いは出家を希望する人々に教えを説くことの意味が主であった。

日蓮の説く「慈悲」は主として法華経による正しい教法を確立するということにほかならなかった。『日蓮が法華経の智解《ちげ》は、天台・伝教には千万が一分も及《およ》ぶ事なけれども、難を忍び慈悲勝《すぐ》れたる事は、畏れをもいだきぬべし。(13)』日蓮は仏教者としては異例なほどに他の諸宗派を手ひどく攻撃した。しかしかれは自分の強烈な攻撃態度のうちに慈悲があると考えていた。『斯う申せば国主等は此の法師の威すと思へるか。敢て悪みては申さず、大慈大悲の力、無間地獄の大苦を今生に消さしめんとなり。(14)』日蓮は、折伏が嘆き痛みをともなった慈悲であるということの根拠をここに見出したのであった。

（1） Bodhisattvabhūmi, p.329, *l*.14f.

（2） 例えば、修行者ドータカ（Dhotaka）は釈尊に向って、『あわれみて、遠ざかり離るることの法をわれに教えたまえ。』(anusāsa... karuṇāyamāno vivekadhammaṃ, Sn. 1065) と懇願している。小乗仏教の一般的通念においても、他人に対して教えを説くことが、憐れみ（anukampā, Saundarananda III, 10）、友情（maitra, VIII, 1）であり、利他行（XVIII, 57）なのであった。cf. III, 15; XVI, 65.

（3） Uttarajjhayana, XII, 8; Bhag. G. X, 9.

（4） 『サーンキヤ頌』七〇。

（5） Sn. 426.

（6） darśehi maitrībala pūrvasevitaṃ apāvṛṇohī amṛtasya dvāram (Saddharmapuṇḍarīka, p.169)

（7） 『慈心をもって法を説け。』（『法華経』安楽行品） maitrībalaṃ cā parisāya bhāvayet. (p.242) 『慈心をもて教誨す。』（『大無量寿経』下末）。アジャータシャトル王が釈尊に、目連をして教を垂れたまえ、と請うときにも、『願わくは慈悲を興して、われに八戒を授けしめたまえ。』と呼びかける（『観無量寿経』本）。

（8） 『壇経』（宇井博士『第二禅宗史研究』一三四頁）。そのほか禅の語録には、かかる表現が多い。『和尚、慈悲もて救度せよ。』（同上、二六八頁）、『伏して、望むらくは、和尚、慈悲、指示せよ。』（同上、四三七頁）。

（9）『宝慶記』（岩波文庫本五頁）。道元は『高祖の慈誨を聴取すべし』ともいう（『正法眼蔵』看経）。達磨大師がシナに来たのは『これひとへに伝法救迷情の大慈よりなれる行持なるべし。』（同、行持）『祖師の慈愛は、親子にもたくらべざれ』という（同上）。仏は慈悲力によって衆生に信仰を起させる。『如来の神力慈悲力、寿命長遠力、よく心を拈じて信解せしめ』（同、見仏）。

（10）『夜船閑話』序。同様の表現として例えば、『諸仏祖師の真に慈悲を垂れて謂はゆる鼻を扭り目を瞬ろかして……』（『大応国師仮名法語』、『禅門法語集』中、四三八頁）。

（11）『沢水仮名法語』（『禅門法語集』下、二一三頁）。

（12）『鉄眼禅師仮字法語』（岩波文庫本五一頁）。

（13）『開目鈔』上。『日本国にこれを知れる者但《ただ》日蓮一人なり。此を一言申し出すならば、父母・兄弟・師匠・国主の王難必ず来るべし。いはずば慈悲なきに似たり。』（『開目鈔』上）。

（14）『王舎城事』。

二　戒律や学問と慈悲行との衝突

教えを説くということが、仏教のみならずひろくインド思想一般において慈悲行の重要な部分を構成していた。しかしその教えが学者の玩弄物となり、煩瑣哲学となると、それを生み出したいのちの泉から切り離されることになり、却って邪魔な存在となる。そこで過去の教学体系乃至戒律を切りすてるという必要が起って来る。戒律や学問というものは、もともと人間のつくり出したものであるから、人間のためになるべきものである。しかしそれが煩瑣極まるものとなって固定し、人を束縛するようになると、慈悲を実践する立場の人はそれを無視し、反抗するようになる。

インドで大乗仏教が起った場合にも、シナで禅宗や浄土教が興起した場合にも、かかる事態が存するのであるが、その顕著な一例をわれわれは鎌倉時代の忍性律師において見出す。

忍性は、宿敵、日蓮がしるしているように、『慈悲は如来に斉しく、徳行は先達に越えたり。』『五戒二百五十戒を持ち、慈悲を深くして物の命を殺さず。[1]』といわれていた。ところでかれの師、叡尊の眼からみると、忍性の学問は不充分であった。そのことは、叡尊が弟子たちに向って忍性の人物批評を行っていることからも認められる。忍性は『学問はわが身その器に非ざる故に力なし。何とかして衆生を度すべし。』という誓願を立てて関東へ下って行った。かれは戒律に関する無学の故に他の僧侶から恥をかかされたことが二度もある。叡尊はかれを批評していう、『学はよわく候へども当時慈悲深重なるによてゆゆしき大事どもをも成し、あれほど仏法を立てたるなり。[2]』『良観房（＝忍性）は慈悲が過ぎたと申て常には某は申候しかども、本性と性に受て慈悲が候し間、されば多かる同法の中にも、あれにまされる益も候はぬ。是偏に慈悲故なり。学問なんどはさせる事も候はねども、関東の益ははしたなふして大体所願成就したる体に候ふかし。[3]』

忍性が慈悲行に身をささげていたということは、かれの師である叡尊も、敵である日蓮も等しく承認していたところであった。そうして叡尊は忍性を『慈悲が過ぎた』とか『かうもしてならぬわざをして』人々の救済につとめたと批評している。これは、忍性がその慈悲行の故に、律宗一般の伝統から逸脱し、戒律の規定を時には無視するに至ったこともあるという事情に基づくのではなかろうか。

学問や戒律と慈悲行の衝突ということは、鉄眼禅師が、一切経刊行のために集めた資金を、飢えた人々に施したという行為にも認められる。

これらはただ顕著な事例にすぎないが、しかし良く考えてみると、実は仏教者があらゆる時代において当面している問題なのである。特に既成教学や教団を守る立場と世人の物質的諸条件を改革する立場とが矛盾する場合に問題は深刻である。この問題を次に考えてみよう。

(1)　日蓮『聖愚問答鈔』。
(2)　『興正菩薩教訓聴聞集』(『国文東方仏教叢書』法語部九九—一〇〇頁)。
(3)　同上、一一九—一二〇頁。

三　物質的諸条件の改革

われわれ人間の現実生存について考察するに、人間の行為は、質料的物質的なものにはたらきかけることによって成立する。物質的側面から乖離した精神現象なるものはありえない。したがって慈悲行或いは利他行なるものは、自己の身体を労して他人の物質的諸条件の改良に努力するということのうちに、まず具現される。この点から見ると、物質的諸条件の改良のつとめをはなれて仏教なるものはありえない。

インドの大乗仏教においても、修行者は『貧窮を滅す方策[1]』を重んずべきことを説いている。

この理法を、例えば栄西のごときは、身を以て実践した。

栄西が建仁寺にいたとき、一人の貧人が来て次のように哀願した、『我が家貧うして絶煙数日におよぶ。夫婦子息両三人餓死しなんとす。慈悲を以て是れを救ひ給へ。』と。ところがそのとき栄西の房中には衣類も食物も財物も少しも残っていなかった。いろいろ思慮をめぐらしてみたが、どうにもならなかった。そのときちょうど薬師の像を造ろうとして背の後光をつくり出すために打ちのべた銅が若干あった。かれはこれを取って打ち折り、束ね丸めてその貧人に与えて、「これでもって食物にかえて餓をふさげ」と。その俗人はよろこんで退出した。そのときかれの門弟子は師匠であるかれを批難した。「これは仏像の光になるものである。これを俗人に与えるということは、仏の物を私用に供したことになるではありませんか。」栄西はそれに対して次のように答えた。「まことにそのとおりである。しかし仏の意を考えてみるに、仏は身体の肉や手足を割いてまで衆生に施した。現に餓死すべき衆生にはたとい仏像の全体を与えても、仏意にかなうであろう。また自分はたといこの罪によって地獄に落ちても、ただ衆生の飢えを救いたい。」と。これについて道元は、今の学人もこのような心がけを学ばねばならぬ、と弟子たちを説き教えた。(2)

だから苦しんでいる人々を救うことは、教団の経営よりも優先的なるものなのである。ただ栄西や道元の行った慈悲行は、個別的・散発的であって、これがまとまった集団的な社会運動の形態をとらなかったようである。中世社会において、殊に日本のように武士の強権による支配の強かった国では致しかた無かったのかもしれないが、現代のわれわれとしては、この点を追究せねばならぬであろう。

ともかくこのような社会理想によるならば、寺院は社会奉仕につとめるものであらねばならぬ。禅僧・指月《しがつ》は教えていう、

『今寺々の人、其の寺院の有を以て、方来老病〔の人々〕を養ひ、および窮乏を救

うて、大慈忍《ママ》行を興起すべし。(3)』

近世における革新的な禅僧であった鈴木正三は、当時の封建社会において侮蔑されていた階級の救済ということを、特に問題としている。かれは、出家は特に非人に物を施さねばならぬということを強調する。当時の封建社会においては、非人はよくない仕事をしているものだと考えられていた。だから『大事の施物・仏物を悪業の非人に施す事は、彼に業を重ねて、苦を与ふるなり。』といって、非人に物を与え恵むことを制する人々がいた。これに対してかれは抗議する。これは『大なる僻事』である。『出家は一切衆生を度するを以て本意とす。』しからばどのような方便によってかれらを救うべきか？　かれらに仏典の語句や祖師のことばを与えても、かれらはこれを受けつけないであろう。だから『唯慈悲心を以て食をあたへ、物をくれて喜ばしめば、此の慈悲難有《ありがたき》と、必ず善心を起すべし。』まず食糧や物品を与えて、かれらに喜びの心を起させなければならない。たびたびかれらに善心を起させるということは、功徳になるではないか。このような『慈悲方便』を以てかれらの心をやわらげ、機にしたがって教化したならば、自然と教に随うであろう。これに反して『慳貪心』を以てかれらに向ったならば、かれらの心中にはいよいよ悪業を起そうとするであろう。人に悪心を起させるということは、すべてわれら出家人のとがではないか。『既に仏弟子と成て、仏意を学ぶ輩、無慈の（＝あわれみのない）心有るべからず。一切衆生を見て憐む心なくば、仏弟子にあらず。衆生済度の願力強くして、慈悲を専らとすべし。』のみならず、この慈悲は人倫関係を成立せしめる基本となっているものである。『縦ひ在家の男女たりとも、慈悲の心なからんは、人倫にあらず。[4]』

鉄眼が大蔵経刊行の資金をさいてまでも、難民救済にあたったことは、有名な史実である。かれは、『たとひ寺を売り指を刻みて施し申すとも』この施行を止め申すまじ、という決心を表明している。[5]

（1） dāridranāśopāya, Bodhis. p.342, *l*.11.　その具体策は特に『宝行王正論』の中に詳しく述べられている。

（2） 『正法眼蔵随聞記』第二巻。栄西や道元のかかる意味の慈悲行については和辻哲郎博士『日本精神史研究』三〇六頁以下参照。

（3） 『行乞篇』（『禅門法語集』上、四八〇頁）。

（4） 『麁草分』。

（5） 赤松晋明氏『鉄眼禅師』（弘文堂教養文庫）八八頁。

四　社会事業

(一) インドにおける社会事業

さてこのような理論的要請は、おのずから組織的な社会事業となって展開せねばならぬ。社会奉仕の事業なるものは、インド・シナ・日本を通じて、仏教或いは仏教的な思想の行われていた時代には盛んに行われていたものである。

インド宗教の慈悲或いは利他の思想は、近代西洋人には充分理解されていない。意識的或いは無意識的に、それに対して誤解が加えられている。そうしてそれがまた最近代の日本人にも継承されている。例えば、ベルグソンはいう、——仏教は極めて崇高なことばで慈悲を勧めたが、「全的な神秘な献身」(le don total et mystérieux de soi-même) を知らなかった。熱烈な慈悲心はラーマクリシュナやヴィヴェーカーナンダのごとき人々に見られるが、かれらの神秘主義を出現せしめたもとは、産業主義であり、西洋文明である。ところで産業主義そのものは間接的にキリスト教に由来している。キリスト教はあらゆる西洋文明に浸み込んだので、この文明のもたらして来るものは、キリスト教を、香気のように発散させる。故にインドの新しい宗教運動者の活動は、たとい直接ではなくても、間接にはキリスト教の影響にもとづくものである――と。(1)これがまた西洋人一般の間に行われている見解と見なすことができる。

しかしながら古代インドにおいて、慈悲の理想にもとづく政治的社会的活動の行われていたことは、古代インドの文献・碑文、外国人の旅行記などの詳しく証するところである。ベルグソンは、完全な神秘主義はキリスト教神秘家たちのあいだにおいてのみ現われたという前提を、あらかじめもっているので、またインドの史実も知らないために、このように断定しているのであろう。

もともと社会政策とか慈善事業とかいうようなことは、本来東洋において先ず盛んに行われていたのであって、西洋においては年代的にはるかに遅れて現われたのである。このことは史実の証するところであり、また史家の確認するところである。社会政策的施設についてはインドのバラモン教古法典のうちに若干言及されている。史的人物としてのゴータマ自身も、病人の看護などに献身的であったことが伝えられている。(2)かれと同時代の諸国王も仏教の感化のもとにかかる政策の実行につとめていたことは、原始仏教聖典の記すところである。しかしそれを最も大規模に行ったのは、アショーカ王であった。アショーカ王はつとに仏教に帰依し、仏教にもとづく自己の政治理想を実現しようとこころみた。かれは、従来一般インド人の遵奉していた祭祀・呪法は無意義なものであるとして、仏教に帰依すべきことを勧め、無益の殺生および獣畜の去勢を禁止した。貧しい人々に給与するために「施しの家」を設立した。人間のための病院を設立したことは云うに及ばず、獣畜のための病院までも設け、諸方に薬草を栽培せしめた。また辺境の異民族を保護し、囚人に対してもしばしば恩赦を行っている。仏教による社会政策、すなわち貧民を救済し、病人の療養を行い、さらに獣畜をさえも憐れむというような事業は、その後インドでは一つの伝統となって長い間行われていた。(3)

大乗仏教教学の理論的建設者であるナーガールジュナは、『宝行王正論』という書の中で、社会事業に関する施設について、組織的な論述を行っている。

今日では、社会政策或いは慈善事業のようなことは、西洋から発したものであるかのごとく思われているが、実はむしろ東洋において古くから行われていたのである。(4) これに反して、かかる施設は西洋では遅く始まった。史家ヴィンセント・スミスのいうところによると、(5) 西洋では、病人を救うための設備はコンスタンチヌス（Constantinus 在位 324-337 A.D.）の治世に至るまでは建設されなかった。西紀後四世紀の末葉に Basilios が Caesarea にはじめて癩病院を建設し、また St. Chrysostomos がコンスタンチノープルに病院を建設した。ユスチニアヌス (Justinianus　在位 527-565 A.D.) の法律は病院（nosocomia）を教会の設立物の一つとして承認している。パリーの

Maison Dieu または Hôtel Dieu がヨーロッパ最古の病院だとしばしば主張されているが、それは西紀後七世紀よりものちのものである。社会事業或いは慈善事業というようなことは、もともとギリシア哲学とは本質的な連関をもたないし、またキリスト教といえども、その興起よりもはるかに遅れてかかる事業に着手したのであるから、したがって西洋においては、インドにおけるがごとく最古代から一つの精神的社会的な伝統となってはいなかったのである。

インドではひとり古代においてのみならず、最近代の宗教運動家もまたこの精神的伝統を復興しようとしている。特に近代インドの宗教家は奉仕(sevā)ということを強調する。古くは弟子などが師などに仕えることが奉仕であった(6)。ところが近代の宗教家特にチャイタニヤ(Caitanya)は、貧しき人々、不運なる人々への奉仕に改めた(7)。奉仕の精神はブラーフマ・サマージやアーリヤ・サマージによって強調され、また実践されたが、特にヴィヴェーカーナンダの創立したラーマクリシュナ・ミッションでは社会活動のうちに活発に具現されている。ロマン・ローランはいう、『通常、われらのヨーロッパ思想においては、「奉仕する」(servir)ということは、自発的な屈従の感じ、卑下の感じ、を含んでいる。……この感じは、ヴィヴェーカーナンダのヴェーダーンタ哲学からは、完全に除去されている。奉仕すること、愛すること、は、奉仕され愛される者と平等（égal）となることである。屈従どころではなく、ヴィヴェーカーナンダは常に存在の充実をめざしていたのであった。[8]』と。ガンディーのような国民運動の指導者たちも、このような強い宗教的信念をもっている。インド伝統の自他不二の倫理は、なお最近代にまで脈打っているのである。

（1） Henri Bergson: Les deux sources de la morale et de la religion, p.241.
（2） 金倉博士『印度古代精神史』三二七頁以下。
（3） グプタ王朝時代のチャンドラグプタ王の治世にシナの巡礼僧である法顕がインドを旅行したときの旅行記によると、マガダ国には、仏教の慈悲の精神にもとづくかかる社会的伝統がなお存続していた。『高僧法顕伝』参照。
（4） これについては拙著『宗教における思索と実践』二三二頁以下に紹介しておいた。
（5） Vincent A. Smith: Early History of India, p.313, n. 1.
（6） sevā, Bhag. G. IV, 34.
（7） Śrī-Caitanya-Candrāmṛta, IV, 22; Bhakti Pradip Tirtha: Śrī Caitanya Mahaprabhu, Calcutta 1947, p.54; appendix II, pp.74, 75.
（8） Romain Rolland: La vie de Vivekananda et l'évangile universel, II, p.121.

（二） シナにおける社会事業

仏教とともにひろまった慈悲の精神は、またシナにおいても積極的に社会施設を成立せしめるに至った。仏教はシナに入るや、その慈悲の理想に従って幾多の利他行の活動を行った。後趙の石勒が仏図澄の感化を受けて、諸子を悉く寺院に委ねて教育せしめて以来、寺院は教育機関として、重要な意義を有することとなった。仏教僧侶の社会事業として特に注目すべきものは、治病と貧民救済とであった。すでに東晋時代に仏図澄・竺法曠・訶羅竭、洛陽の安慧、羅浮山の単道などは医療を以て人々を救済した。これとともに寺院を中心として施療救済の事業が行われ、薬蔵が建てられ、唐代になると養病坊の制度が確立するようになった。貧民救済事業も非常に盛んに行われ、唐代には悲田院の制度が成立した。飢餓の際の寺院僧尼の活動もめざましかった。庶民の金融機関として寺院に質庫すなわち「無尽蔵」が、南北朝時代には設けられている。その他、橋をかけ、樹木を植え、井戸を掘り、宿泊所を設けるというようなことにも努めている。南北朝時代には、寺院は都市に進出した。端厳なる仏像と、浄土を思わせる寺院の荘厳とは、民衆のよき慰安所であるとともに、そこの法会と戯場化とは、一層民衆をして仏教に親しむ機会を作ることとなった[1]。隠遁的になり勝ちな禅においても、慈悲奉仕の行が説かれている。例えば荷沢寺の神会は開元二十二年（七三四）正月十五日に滑台大雲寺にあって無遮大会を設けている[2]。これはかれが若干の有力な信徒をもっていたから可能であったのであろうが、ともかくこういう動きは注目に値する。

（1） 道端良秀教授『中国仏教史概説』参照。
（2） 『神会語録』第三残巻（宇井博士『禅宗史研究』二一二―二一三頁による）。

(三) 日本における社会的活動

仏教が日本に渡来するとともに聖徳太子によって大規模に社会事業が展開せられ、その後断続の波はあったが、奈良時代・平安時代を通じて相当顕著に行われ、鎌倉時代には興正菩薩叡尊、忍性菩薩良観房などの献身的な活動のあったことは、周知の事実である。[1]

良観房忍性律師は興正菩薩叡尊の弟子であるが、師に従って西大寺に住し、房舎の掃除、僧衣の洗濯を勤め、その間に施薬院・悲田院の勤めに服し、病人や乞食をたすけ、また非人に施与を行った。のち関東に下向し、北条時頼の信頼を受け、極楽寺を修理して住まった。獄舎に施行し、非人を恵み、施経や捨子の養育などにつとめた。文永十一年（一二七四）の飢饉の時には、多勢の飢えた人々を集めて、五十余日の間粥を施した。かれは鎌倉桑谷の療病院で二十年間に四万六千八百人を療養せしめた。かれはのちに四天王寺を主管し、聖徳太子の精神に打たれて悲田院と敬田院とを再興

講談社文芸文庫

講談社文芸文庫

澤田 謙——プリューターク英雄伝　中村伸二——年
椎名麟三—深夜の酒宴|美しい女　井口時男—解／斎藤末弘—年
島尾敏雄—その夏の今は|夢の中での日常　吉本隆明—解／紅野敏郎—案
島尾敏雄—はまべのうた|ロング・ロング・アゴウ　川村 湊——解／柘植光彦—案
島田雅彦—ミイラになるまで 島田雅彦初期短篇集　青山七恵—解／佐藤康智—年
志村ふくみ-一色一生　高橋 巖——人／著者———年
庄野潤三—夕べの雲　阪田寛夫—解／助川徳是—案
庄野潤三—ザボンの花　富岡幸一郎-解／助川徳是—年
庄野潤三—鳥の水浴び　田村 文——解／助川徳是—年
庄野潤三—星に願いを　富岡幸一郎-解／助川徳是—年
庄野潤三—明夫と良二　上坪裕介—解／助川徳是—年
庄野潤三—庭の山の木　中島京子—解／助川徳是—年
庄野潤三—世をへだてて　島田潤一郎-解／助川徳是—年
笙野頼子—幽界森娘異聞　金井美恵子-解／山﨑眞紀子-年
笙野頼子—猫道 単身転々小説集　平田俊子—解／山﨑眞紀子-年
笙野頼子—海獣|呼ぶ植物|夢の死体 初期幻視小説集　菅野昭正—解／山﨑眞紀子-年
白洲正子—かくれ里　青柳恵介—人／森 孝———年
白洲正子—明恵上人　河合隼雄—人／森 孝———年
白洲正子—十一面観音巡礼　小川光三—人／森 孝———年
白洲正子—お能|老木の花　渡辺 保——人／森 孝———年
白洲正子—近江山河抄　前 登志夫—人／森 孝———年
白洲正子—古典の細道　勝又 浩——人／森 孝———年
白洲正子—能の物語　松本 徹——人／森 孝———年
白洲正子—心に残る人々　中沢けい—人／森 孝———年
白洲正子—世阿弥 ——花と幽玄の世界　水原紫苑—人／森 孝———年
白洲正子—謡曲平家物語　水原紫苑—解／森 孝———年
白洲正子—西国巡礼　多田富雄—解／森 孝———年
白洲正子—私の古寺巡礼　高橋睦郎—解／森 孝———年
白洲正子—[ワイド版]古典の細道　勝又 浩——人／森 孝———年
鈴木大拙訳-天界と地獄 スエデンボルグ著　安藤礼二—解／編集部———年
鈴木大拙—スエデンボルグ　安藤礼二—解／編集部———年
曽野綾子—雪あかり 曽野綾子初期作品集　武藤康史—解／武藤康史—年
田岡嶺雲—数奇伝　西田 勝——解／西田 勝——年
高橋源一郎-さようなら、ギャングたち　加藤典洋—解／栗坪良樹—年

講談社文芸文庫

した。かれは嘉元元年（一三〇三）八十七歳でなくなったが、一生の間に伽藍を創建すること八十三、堂供養百五十四、塔婆の建立二十基、馬衣並びに帷を非人に与えること三万三千領、橋を架けること百八十九、道を造ること七十一箇所、井戸を掘ること三十三箇所、浴室・病室・非人所をつくること各五箇所、殺生禁断六十三箇所を設定したという(2)。

かれは律宗の戒律を固くまもっていたが、かれの一生を貫いていたものは、慈悲の精神であった。かれは絹布さえも身につけなかった。絹は蚕を殺して作ったものだからである。かれは奈良の北山に癩病院を創設した。かれは、病人のうちで手足が不自由で、乞食に出ることのできないものを、数日ごとに背に負って、朝は町に出て物を乞わしめ、夕にはまた背に負ってもとどおり病舎に帰った。このことをかれは風雨寒暑のときにも欠かさなかった。このような犠牲的奉仕は恐らく史上にも類例の乏しいことであろう。或る者は臨終に感謝の涙にむせんで言った。「わたくしはまた必らずこの世に生れて来て、あなたに使われるものとなり、尊師の徳に御恩がえしをしましょう。そのしるしとして、顔面に一つの痕をのこしておきましょう」と。はたして、忍性の信徒のうちに、顔に痕のある者があらわれて、給仕につとめた。人々はかれをかつての病人の生れかわりだと呼んだという。

かれの偉大な仕事に対して、日蓮はしばしば悪言を出し、「律国賊」と罵った。しかしかれは意にかけなかった。日蓮が処罰されようとしたときには、かえってかれのために許しを請うたという。[3]

ひとり忍性にかぎらず、日本の中世における仏教者の活動の足跡は、実に偉大なものであった。ただ近世に入るとともに、かかる活動は次第に衰滅した。しかしながら、後に論ずるように世俗の職業生活のうちに慈悲の精神を生かそうとする努力は、近世においてかえって盛んになったようである。

ともかく現実の社会生活のうちに慈悲の精神を具現しようと努めたという点で、過去の日本において仏教のもっていた指導的意義は特に注視さるべきものであろう。

（1）日本仏教の社会事業に関しては、拙著『宗教における思索と実践』二四四頁以下参照。詳しい文献としては辻善之助博士の諸研究がある。
（2）辻善之助博士『日本仏教史』中世篇之一、二三五頁以下。
（3）以上は『元亨釈書』及び『本朝高僧伝』の忍性伝による。

（四）宗教による社会活動の運命

宗教による社会活動の要請されることが、今日ほど痛切な時代はない。それにも拘らずかかる活動は決して充分に具現されていない。仏教では慈悲の理想は説くけれども、それを具体的にいかに実践すべきかということについて、仏教教団或いは仏教学は適切な指示を与えてくれない。これは今日の仏教の致命的な弱点である。今日若い青年男女が左翼の運動のためには身命を賭す覚悟で実践しているのに、宗教運動にそれほどの情熱が示されないのはそのためであると考えられる。

これは或いは既成教団に宿命的な運命なのかもしれない。これについて西洋における宗教社会学的研究の開拓者の一人であるトレルチの言を聞こう。

『近代生活の不安な社会的な動きが人々を互いに入り乱らせるから、それにつけてますます神の摂理と諸職業の組織をただたのむということを超えて、すでにルター主義（Luthertum）の中にあったキリスト教的な愛の努力（Liebesstreben）を超えて、自由な慈愛（Karität）のかたちで活動を示さねばならなかった。すなわち福祉施設・友愛団体・協会や寄附財団においてである。敬虔主義とともに慈善の宗教的な社会政策へもどり、ただ乞うことを称讃することなく、特に慈愛を教会の側から束縛することなく、しかしカトリック的・古代キリスト教的な慈愛を採用した。十九世紀にはイギリスの影響のもとに特に活発になった。厳格な教会もそれを採用せざるを得なかった。しかしそれ以上の社会改革的な理念をルター主義は拒否した。』

そうして教会の側から社会改革を行おうとしたWichern の企ては、保守的な反動がそれを抑えたために、挫折した、と説明している[1]。

この説明が正しいかどうかは、筆者は知らないし、批評する資格はない。ただ興味深いことには右の「ルター主義」というところに、「仏教教団」ということばを当てはめると、それはそのまま日本にあてはまるではないか。

宗教教団というものは、結局社会活動の機能を次第に喪失するものなのであろうか。これについて思い当るのは、ラーマクリシュナ・ミッションのことである。この教団はインドやパキスタン、ビルマ（現ミャンマー）などアジア諸国においては社会事業を盛んに行っているが、アメリカやヨーロッパではそれを行っていない。社会保障の発達した国々においては、アジアに由来する宗教が社会事業を行う必要がないからである。だからアメリカやヨーロッパにおけるラーマクリシュナ・ミッションでは専ら精神的な修養につとめているだけである。他方共産主義諸国では、宗教教団が社会事業を行うということはないであろう。しからば文明の進展とともに宗教は社会事業という機能を喪失するのであろうか。

仏教は所詮社会改革とは無縁なのであろうか。もし社会的な問題に全く目をつぶるならば、仏教は早晩亡びてしまうであろう。それでよいのかもしれない。ただいわゆる社会改革運動がややもすれば狂暴な暴力の支配に委ねられる傾向がある以上、この狂暴化をせきとめるためにはどうしても宗教的な心情を必要とする。

宗教的な心情が社会改革を平和裡に遂行せしめる良い一例として、いまのインドで着々と実現されつつあるヴィノーバやナーラーヤンによる土地解放運動は、将来における仏教の進路に対しても大きな示唆を与えると考えられる。

(1) Ernst Troeltsch: Die Soziallehren der christlichen Kirchen und Gruppen. Gesammelte Schriften von Ernst Troeltsch, I. Tübingen 1923. S. 589-590.

五　職業生活における慈悲

慈悲の精神は社会的な経済活動の面においても生かされなければならない。すでにインドの叙事詩においても、商人の実践は慈悲行であらねばならぬという理想が表明されている。商人トゥラーダラ (Tulādhara) は苦行者ジャージャリ (Jājali) に向っていう、

『ジャージャリよ、われは永遠にして秘密なる法を知っている。それを人々は、生きとし生ける者のためになるものであり、久遠の慈しみ (maitra) であると知っ

ている。

生きものを害うことなく、或いは少しく害うだけで生存することが、最上の法である。われはそれによって生きているのである。』

『われは漆・パドマカ材木・椰子・香料や種々のもの、汁液、……

ただ酒類を除いてそれら多くのものを、他人の手から、偽ることなしに、買っては売っている。つねに万人の友であり、万人の利益を楽しんでいる。(1)』

日本においては、例えば徳川時代の中期以後における近江商人の活発な商業活動には、浄土真宗の信仰がその基底に存するという事実が、最近の実証的研究によって明らかにされている。ところで近江商人のうち成功した人々の遺訓についてみるに、かれらは利益を求める念を離れて、朝早くから夜遅くまで刻苦精励して商業に専念したのであるが、内心には慈悲の精神をたもっていた。実際問題としては利益を追求しなかったわけではないはずであるが、かれらの主観的意識の表面においては慈悲行をめざしていたのである。その一人である中村治兵衛の家訓によると『信心慈悲を忘れず心を常に快くすべし』という。(2) これは当時浄土真宗において世の中の商人に対し仏の慈悲をよろこぶべきことを教えていたことに対応するのである。例えば江左諦住の『極楽道中独案内』には、職業生活は報恩の行であると説く。『人々商を事としし、のぎをけづり奉公に隙なきありさま、全くうきよごとにて、後世ねがふ身には似てもつかぬ事のやうなりとも、御慈悲よろこぶ手前には、あきなひするも奉公するも、すぐそれが報恩報謝のつとめにそなはるなり。(3)』そうして仏に由来する慈悲がまた人間の慈悲として世俗生活のうちにも現われなければならない。『此世の吉凶禍福は前世の因縁に任せ、唯正直に家業に出精致し、家を斉へ、家来けんぞくをよく養ひ、其上心にかけて身分相応に慈悲善根、先祖の追善仏事等のいとなみをいたすべし。(4)』

また医道も慈悲の行であると考えられていた。インドにおいては、医師の親切もまた慈しみと呼ばれていた。仏教詩人アシヴァゴーシャはいう、

『あたかも医師の親切な指導によって病をのがれた健康人が、恩を知り (kṛtajña)、かれを追憶して、心の眼で観じ、かれの慈しみ (maitrī) と医学の知識に悦びを感ずるように、

聖道によって解脱し、真実を知り、聖なる真理を体得し、身を以てこれを証したひとは、如来を追憶して観ずる。そうして（如来の）慈しみ (maitrī) と全知性に悦びを感じた。(5)』

医師の親切は如来の慈悲に通ずるものだというのである。

また日本においても同様に考えられた。医者は慈悲の誓願を立てるのである。『志

を医道に遂げ、慈悲の願輪に乗ず。(6)』徳川時代初期の鈴木正三道人は、医者の心得を聞かれた場合に、次のように教えた。

『先づわれは世界の病人を救へとの天道の仰せ付けなり、この役人ぞと思ひ定め、身心を世界に抛つて、薬代のことをも何とも思はず、ただ天道に任せ奉り、一筋に医を施さるべし。命を繋ぐ分は天道のあてがひあるべし。かくのごとく勤められば、機の熟せるに随つて必らず徳あるべし。(7)』

こういう精神は、すべての職業について具現されねばならぬであろう。慈悲は凡夫をはるかに超えているものであるが、しかも凡夫によるのでなければどこにも実現され得ないものである。

(1) Mahābhārata XII, 262, 5-9.
(2) 内藤莞爾氏「宗教と経済倫理——浄土真宗と近江商人——」(日本社会学会年報『社会学』第八輯、昭和一六年)二六〇頁。
(3) 同上、二七四頁。
(4) 『日用心法鈔』(右の論文二六八頁)。
(5) Saundarananda XVII, 33-34.
(6) 『梅花無尽蔵』七ノ杏雨斎学恍云々序(但し広池千九郎氏『支那文典』六六〇頁による)。
(7) 藤井乙男博士『江戸文学研究』五七頁に引用された文。漢字を少しくかながきにしてここに挙げた。

六　自分が救われていないのに他人を救うことができるか？

仏教徒がこのように社会的実践につとめたのは、大乗仏教における求道者の理想が「みずから未だ救われずとも、先ず他人をすくう」（自未度先度他）という精神にあったからである。

ところでここに問題が起る。多くの人々は自分のことを反省してみると、自分が完全にすくわれた理想的な人間であるとは認めがたい。しからば自分が救われていないのに、他人をすくうということが、どうして可能であるか？　先ず自分が救われるということこそ肝要ではないか。夢窓国師疎石はこのことを問題とする。

『問。自身もし出離せずば他人を度する事もあるべからず、しかるを自身をばさしをきて、先づ衆生のために善根を修すること、其の理なきにあらずや。(1)』

『答。衆生の生死にしづめる事は、我が身を執著して此の身のために名利を求めて、種々の罪業をつくる故なり。しかればただ我が身をばわすれて、衆生を益する心をおこせば、大悲内に薫じて仏心と冥合する故に、自身のためとて善根を修せざれ共《ども》、無辺の善根おのづから円備し、自身のために仏道を求めざれども、仏道すみやかに成熟す。自身のためばかりに出離をもとむる人は小乗心なるが故に、たとひ無量の善根を修すれ共、自身の成仏なほかなはず。況んや他人を度する事あらんや。』

個人は社会的存在であるが故に、自他が救われるということは、他人が救われるということを除いてはありえない。これは自他不二の倫理からの必然的帰結である。自己と他人とは別のものではない。自己がすくわれるということは、他人をすくうというはたらきのうちにのみ存する。他人のために奉仕するということを離れて自己のすくいはありえない。

疎石はつづけて次のようにいう、

『菩提心を発する人に智増悲増の差別あり。先づ一切衆生を度しつくして後に仏道を成ぜんと誓ふは、是れ悲増の菩薩なり。我が身先づ仏道を成じて後に衆生を度せんとするは是れ智増なり。智増の人は二乗心に似たりといへども、一切衆生を度せんために先づ自身の成仏をもとむる故に菩薩心を成就す。智増悲増ことなりといへども衆生済度の心はかはる事なし。この故に一善を修し一行をなしても、皆これを一切衆生に廻向する事は同じかるべし。』

疎石はこのように、仏教のうちには、智慧を主とする求道者と慈悲を主とする求道者[2]とがあり、前者は智慧を得てさとりを開いてから後に他人をすくおうとする人々であり、後者は自分がさとりを開くことを断念して先ず人々をすくうことにつとめる人々であるということを認めていた。そうして疎石自身は、前後の文章からも明らかなように、明らかに後者の立場に立っていた。

『問。禅門の宗師の語をみれば、先づ自身を悟りて後、やうやく旧業習余をつくして、余力あらば他人に及ぼすべしとすすめられたり。若《も》ししからば教の中に、自《じ》いまだ度《ど》（＝すくい）を得ざるに先づ他人を度するは、菩薩の願なりといへるにそむかずや。』

『答。慈悲に三種あり、一には衆生縁の慈悲、二には法縁の慈悲、三には無縁の慈悲なり。衆生縁の慈悲といふは、実に生死にまよへる衆生ありとみて、これを度して出離せしめんとす。是《こ》れは小乗の菩薩の慈悲なり。自身ばかりの出離をもとむる二乗心にはまされりといへども、世間の実有の見に堕して利益の相を存するが故に、真実の慈悲にあらず。維摩経の中に愛見の大悲とそしれるは是れなり。法縁の慈悲と云ふは、縁生の（＝もろもろの因縁によって生じた）諸法は有情非情（＝精神のあるものも精神のないものも）みな幻化のごとしと通達して、如幻の大悲をおこし、如幻の法門を説いて、如幻の衆生を済度す。是れ則《すなわ》ち大乗の菩薩の慈悲なり。かやうの慈悲の、実有の情をはなれて愛見の大悲にはことなりといへ共、猶も如幻の相を存するが故に、是れも亦《また》真実の慈悲に非ず。無縁の慈悲と云ふは仏果に到りて後、本有性徳《ほんぬしょうとく》の慈悲あらはれて、化度の心おこさざれ共、自然に衆生を度する事、月の衆水に影をうつすがごとし。然《しか》らば則ち法を演ぶるに説・不説のへだてもなく、人を度するに益・無益の相もなし。是れを真実の慈悲となづく。衆生縁・法縁の慈悲にかかはる人は、其の慈悲にさへられて、無縁の慈悲を発することあたはず。小慈は大慈のさまたげといへるは此の義なり。百丈の大智禅師の、小功徳小利益をむさぼる事なかれ、といましめ給へるもこの意なり。禅門の宗師の人にしめす旨趣かくのごとし。』

かれによれば、「無縁の慈悲」なるものは『本有性徳』の慈悲なのである。それは仏の本質となっているものである。だから逆にいうと、利他行以外に仏教はあり得ないのである。かれは明言してはいないが、ここでは古来の禅宗の隠遁的独善的な態度に反抗していることは、論理上明確である。かかる確乎たる精神的決意のもとにおいてのみ、かれの一生涯の偉大な事業の成立し得た所以を理解することができる。

また道元もやはり同様の思想をいだいていたといってよいのではなかろうか。かれも「みずから未だすくわれずとも、先ず他人をすくう」ということを強調している。かれの次の言は、仏というものが利他的実践のうちにのみ存すると考えていたようである。

『仏となるにいとやすきみちあり、もろもろの悪をつくらず、生死に著するこころなく、一切衆生のために、あはれみふかくして、かみをうやまひ、しもをあはれみ、よろづをいとふことなく、ねがふこころなく、心におもふことなくうれふることなき、これを仏となづく、またほかにたづぬることなかれ。(3)』

しからば禅宗と対蹠的な浄土教では、この問題をどう考えていたのであろうか？善導の『往生礼讃偈《おうじょうらいさんげ》』の中では、

『自ら信じ人をして信ぜしむるは、難きが中に転《うた》たさらに難し。大悲を伝えて普ねく化すれば、まめやかに仏恩を報ずるなり。』

(『自信教人信、難中転更難、大悲伝普化、真成報仏恩』)

という。したがってここでは人々に信を伝えるということが、如来に対する報恩であると説かれている。しかしながら自分が信仰を確立するということは極めて困難なことである。自分の信仰が弱いものであるのに、人に伝えるということはおこがましいことであるということになりそうである。そこで次に日本の浄土教徒の見解を考えてみよう。

日本の法然は、積極的な伝道布教ということを強調しなかったようである。かれ

は、いかんともしがたい不信の人々の存在することを認め、凡夫の力ではなんともしがたいことを告白していた。

『あながちに信ぜざらん人をば、御すすめ候べからず。仏なほ力をよびたまはず。いかにいはんや凡夫のちからはおよぶまじく候。かかる不信の衆生をも、過去の父母兄弟親類なりと思召候て、慈悲をおこして念仏申て、極楽の上品上生にまゐりてさとりをひらき、すみやかに生死にかへりて、誹謗不信の人をも、むかへんとおぼしめすべき事にて候なり。』(4)

かれはひとえに念仏を唱えて浄土に生れてやがて仏となったのちに、この生死の世界にもどって来て、迷える人々を救わねばならぬと考えていた。しかしながらこの世にもどって来た人々は、いかなる生活をし、いかなる行動をなすのであろうか？　それはけっきょくわれわれ凡夫と同じようなかたちをとり、同じような生活をしているものでなければならぬ。しからばわれわれ凡夫が凡夫のままで仏の慈悲行にあずからねばならぬという結論に到達せねばならぬのではなかろうか。法然上人の謙虚な心情はかかる結論を導き出すことを控えたかのごとくである。しかし上人の門流の活動は、実際問題として、積極的な教化活動となってあらわれたのであった。

次に浄土真宗の場合についてみるに、これも簡単に論ずることはできないが、前掲の善導の言について、次のような解釈が伝えられている。

『信もなくて、人に信をとられよとられよと申すは、わが物ももたずして、人に物をとらすべき、といふ心なり、人承引あるべからず、と順誓申されし、とて、実如上人仰せられ候ひき。自信教人信と候時は、まづわが信心を決定して、人にも教へ申さば、仏恩（報謝）になる、とのことに候。自身の安心決定して人にも教ふるは、即ち大悲伝普化《ぶけ》の道理なるよし、同じく仰せられ候。[5]』

現在の浄土真宗の一部の人々が内面的な信心を強調して積極的な教化活動を回避する場合、その理論的根拠をこのような処に求めているようである。然し他人との関係をはなれた、自分一個だけの信仰の確立ということが、はたして成立し得るであろうか。なるほど信仰は個人と絶対者との対決という点で超人間的なものということができる。しかしその表現形態はつねに社会的歴史的に制約されている。信仰が薄弱であるとか、信仰に疑惑をもつとかいうことは、社会のうちに、それとは異質的な、或いは対立的な思想をいだいている人々が存在するからこそ起る現象なのである。もしも万人がすべて同一の信仰をもっているならば、信仰が薄弱であるとか、信仰に疑惑をもつとかいう現象は起り得ないはずである。したがって個人の信仰を固めるということは、それとは異質的な思想にぶつかってみて、自分の信仰の正当性・優越性を知ってこそはじめておこることなのである。その際にもしもその人の信仰が誤っているならば、他の思想との対決によってそれが捨てられ、或いは修正されねばならぬであろう。だから蓮如は「ものをいえ、ものをいえ」ということをしきりに説いている。人が意見なり信仰なりを述べることによって、他人から批評を受け、それによって、その人の信仰が確立するのである。しからば、浄土真宗においても、対他的なはたらきかけということは、実は信仰と表裏一体のものとなっているのである。この間の消息は、蓮如の次のことばが良く示している。

『我ればかりと思ひ、独覚心なること、あさましきことなり。信あらば、仏の御慈悲をうけとり申すうへは、われればかりと思ふことはあるまじく候。触光柔軟《にゆうなん》の願候ときは、心もやはらぐべきことなり。されば、縁覚は独覚のさとりなるが故に、仏にならざるなり。(6)』

自分には信仰がある、と思って対他的なはたらきをやめたそのときに、実はその人の信仰は死滅しているのである。

さて人々に真理を伝えるということが、仏教にとって本質的なものであるならば、その思想は人々にわかり易く納得のゆくものとして説かれねばならない。蓮如が当時としては平易なことばで教えを説いたのは、かかる目的のためであった。

『御文のこと。聖教はよみちがへもあり、こころえもゆかぬところもあり、御文はよみちがへもあるまじき、とおほせられさふらふ。御慈悲のきはまりなり、これをききながらこころえゆかぬは、無宿善の機なり。[7]』

ここにおいては、人間が人間に対する関係交渉において仏の慈悲が実現されているのである。

禅宗の場合でも同様である。民衆とともにあって平易なことばで仏教を説いた宗教家・鈴木正三道人や至道無難禅師は特に「慈悲」の徳を強調している。これに反して難しい法語をつくって楽しんでいたような独善的な人々は慈悲ということを殆んど説いていない。これは面白い現象であるとともに、また当然の現象であると思う。

このような道理を考えるならば、難しいことばを使ってわけのわからぬようなしかたで述べることは「骨董趣味」ではあるかもしれないが、それはもはや「仏教」ではないのである。

(1)『夢窓国師夢中問答』(岩波文庫本四八頁以下)。

(2) 仏の智慧(prajñā)と慈悲(kṛpā)とは仏の二つの徳性と考えられていた(Laṅkāvatāra, pp.22, *l*.7f; 23, *l*.3; 264, *l*.6f.)。唯識学徒の間でも「悲円満」(karuṇāsampad)と「智円満」(prajñāsampad)との二つが理想とされた(Madhyāntavibhāgaṭīkā. p.4, *l*.15)。真言密教では金剛界

を智慧に、胎蔵界を慈悲に配する。天台大師は『慈悲即智慧、智慧即慈悲』という（『摩訶止観』五上、大正蔵、四六巻五六頁中）。智増菩薩と悲増菩薩という二増菩薩の出典については、織田得能師『仏教大辞典』（一三二九頁）は『百法問答鈔』七を挙げている。

（3）『正法眼蔵』生死。
（4）『法然上人全集』四四九頁（大正蔵、八三巻二〇二頁）。
（5）『蓮如上人御一代聞書』実悟記。
（6）同上。
（7）『蓮如上人御一代聞書』昔語記。

第三節　政治における慈悲の精神

一　為政者と慈悲

慈悲の精神が社会的実践のうちに具現さるべきものであるとすると、それが国家の政治においていかに実現さるべきであるか、ということが、当然問題となる。

この問題について、すでにインドの仏教徒の間でも相当盛んに論議されていたが、すでに他の機会に詳論しておいたから、いまここでは省略することにしよう。[1] ここでは日本におけるこの問題を考えてみたい。

日本人は一般に現世的活動を重視する傾向があるが、仏教の慈悲の精神も、特に現実の生活において具現さるべきものであると考えられた。

まず慈悲の精神は政治の面において具現されねばならぬ。古くから慈悲は帝王の徳として具わるべきものであると考えられた。[2]

北畠親房は『神皇正統記』において三種の神器のうちの「玉」を慈悲の徳の表現と解している。

『鏡は一物をたくはへず、私の心なくして万象を照すに、是非善悪のすがた、あらはれずと云ふことなし。そのすがたに随ひて、感応するを徳とす。これ正直の本源なり。玉は柔和善順を徳とす。慈悲の本源なり。剣は剛利決断を徳とす、智慧の本源なり。この三徳を翕受せずしては、天下の治らんこと誠に難かる可し。』

すなわち天皇は慈悲の徳を身に具現したものであらねばならぬのである。

一条兼良は帝者の徳として『慈悲をもはらにし給ふべき事』を教えている。統治者が人民のことを考えぬのは、慈悲の精神を欠くものとして批難している。

『慈といふ文字は、抜苦といふ心也。悲といふ文字は、与楽といふ心地。仏の御心には、衆生のために、苦を抜て楽をあたへんとおぼしめすが慈悲の文字の心也。外典の書には是れを仁となづけ侍り。仁といふは人を愛する心也。言葉こそかはり侍れ、心はただ慈悲の文字に相違なき也。すべて鳥獣も手馴〔れ〕てかうとなれば不便におもはるるもの也。況〔や〕人たるものをばおしなべて、哀憐の心をたれさせ給はんが仁君の行ひにて侍るべし。抑々此の十余年上下万民所帯をはなれて、飢寒につめられたるもの、幾十万といふ数をしらず。かくのごとく無理非道に押領をいたす輩は、偏に慈悲の心のかけたるゆゑなるべし。修因感果のことわりを、思ひさとらぬことこそあさましけれ。』(3)

支配者に対して特にこのように慈悲の徳が要請されていたということは、封建社会においては支配者が人民に対して一方的な規制力をもっていたので、その弊害を矯めようとしたものであることは、いうまでもない。

徳川幕府は三百年にわたる太平の天下を維持したが、その政治の基本的精神は表面にかざす標語としては慈悲にほかならなかった。大久保彦左衛門の『三河物語』によると、慈悲は徳川家の伝統的精神であった。家康より八代の祖先・徳阿弥は、時宗の僧として西三河に流れ来り、松平の郷中の太郎左衛門の婿となった。かれは慈悲の態度によって特にすぐれていた。かれは百姓、乞食、非人に至るまで普ねく憐れみを加えた。また自ら山道の修理に努めて人馬の交通を安穏ならしめた。こういうわけで『御内の衆』は『君の御情』に感じ、『扨も扨も御慈悲と申、又は御情、此御恩の、何として報じ上ぐべきや。唯二つと無き命を奉り、妻子眷族を顧みず、昼夜のかせぎにて御恩を報ぜん』といい合った。これがやがて伝統的な精神となった。『何れも御代々、御慈悲と申し、御武辺を以て、次第次第に御代も隆《さか》えさせ給ふ。御内の衆、又は民百姓、乞食……に至るまで、御情を御懸けさせられ給ふ事、大小共に涙を流し感じ入るばかりなり。(4)』

つづいて徳川家康も、慈悲の徳が他の美徳の根柢となるものであるということを強調している。『東照宮御遺訓』(上)には次のように教えている。

『抑和漢に古今不易の大宝有。大日本の大宝を三種の神器と云。此三種の数は、神璽、宝剣、内侍所也。神璽は神の印と云、其理は正直。宝剣は村雲剣と云、其理は慈悲。内侍所は鏡と云、其理は智慧。此三種の神徳は万事の根元にして、此慈悲を万の根元とす。慈悲より出でたる正直が誠の正直ぞ。慈悲なき正直は刻薄と云て、不正直ぞ。又慈悲より出でたる智慧が誠の智慧ぞ。慈悲なき智慧は邪智也。漢には此大宝を智仁勇の三徳と云。(5)』

三種の神器を正直・慈悲・智慧という三つの徳に比定していることは、前掲の北畠親房の解釈を受けているのであろうが、ここではそれらのうちでも特に慈悲が根本の徳であるということが力説されている。したがって慈悲の精神の具現という意味では、さらに一段と深められているということができる。

かかる思想に呼応するかのごとくに、日本の封建諸侯の精神的指導者であった禅僧は、封建諸侯に対して慈悲にもとづく政治を教えている。

室町時代の禅僧・月庵禅師は『予州の大守に示す』という文において、

『我が身の大願成就して一切満足せりと思ふべからず。猶ほ無縁の衆生を度し尽くして、同じく仏道を成ぜしめんと思ふ大願を起して、在家出家一切の人を憐み恵み救ひ導く大慈悲心を起すべし。是れ真の仏祖の弟子、末世再来の菩薩なるべし。努力努力。[6]』

と教えている。ここでは、臣下をもすべて精神的に教化してすくいを得させることが藩侯の理想であると説かれているのである。

近世になっても幾多の言説が伝えられている。鈴木正三道人が当時の大名に教示した次第を、弟子の恵中は次のようにしるしている。

『越前の太守、師を請して道を問ふ。師曰はく、成仏堕獄は今日に在り。一国を主どる者は一国を掌《たなごころ》に運らすべくして、これを斂《おさめ》るにその本は慈悲より成る。その主は父の如く、その民は子の如し。ここを以て心地歴歴然として明鏡の物をうつすがごとくなるときんば、賞罰厳正にして国豊かに民康きこと必然なり。普くかくのごとくならば、これを天理に合ひこれを仏意に抵《いた》ると謂ふ。勉めたまへ、と。太守歎服す。(7)』

至道無難も同様に説く。

『小将にておはせし人、厳子に世をゆづられしとき、

第一、慈悲。

第二、無欲。

第三、万依怙なく。

此三言をもつて国を治めよとなり。ものをよまでも心をあきらめられしるしなり。(8)』

白隠の説くところも、前掲の思想の範囲を出ない。

『仁君明主と称せられ玉ふ人々は、何れも仁心厚くわたらせ玉ひ、御家人は申すに及ばず、遠境辺土の細民に到る迄、昼夜慈悲愛顧の遠慮を廻らせ玉ひ、最初より憍奢を制し、国家の費を恐れさせ玉ふ。(9)』

『慈悲を万の本として、菩薩の大行に斉しき神君、豈にその利益の広きをいとひ玉はん。(10)』

黄檗宗の潮音は、当時の階位的身分観念に順応したしかたで次のように説いている。

『現世にて大名高家に生れ、我身一箇の栄華を極め、下万民を救ふ慈悲なき人は、未来は必ず無間獄に落ちて、其果報尽きて、又餓鬼道に入つて、又其果報終つて、たまたま人道に生れ出れども乞食貧人の賤しき身に生るる也。[11]』

ただこのように並べ立てて見ると、後代の禅僧ほど世俗的な諸侯の権威を尊重し、かれらに対する指導者としての気魄が落ちて来たように思われる。これは集権的政治権力の強化につれて、慈悲という宗教的な政治理想が現実の政治のうちから退いてしまった事実にちょうど対応するものであろう。

ところで実際にはどういう政治活動を具体的に慈悲の精神の顕現と見なしていたのであろうか。インドにおけるそれはすでに他の機会に論じたことがあるから省略しよう。[12] 近松の『用明天皇職人鑑』によると、敏達天皇は花人親王に対して次のような特別の詔を下されたことになっている。

『仏法の大意は大慈大悲と伝へ聞く。されば朕世を治めてより未だ一事の慈悲をもなさず。天が下に触《ふれ》をなし、士民には貢《みつぎ》をゆるべ、商人《あきんど》には黄金《こがね》を施し、さて職人には官位を与へ、諸国の受領に任ずべし。御身宜しくはからひ給へ。』

(1) 拙稿「仏教徒の政治思想」(宮本正尊博士編『大乗仏教の成立史的研究』三八八頁以下)。なお本書一七〇頁以下参照。

(2)『心のどかに、じひの御心ひどく、世を保たせ給へれば、世の人、いみじく惜しみ申す』(『栄花物語』一、月宴)。
(3)『文明一統記』(群書類従第四七六巻第二七輯、一八七頁)。
(4)和辻哲郎博士『日本倫理思想史』下巻、二六二―二六三頁。
(5)加藤玄智博士、前掲書六九八頁。
(6)『月庵仮名法語』(『禅門法語集』上、二〇二頁)。
(7)『石平道人行業記』一〇丁。
(8)『無難仮名法語』(『禅門法語集』上、三四五頁)。
(9)『さし藻草』(同、中、二〇九頁)。なお『辺鄙以知吾』(同、下、二六八頁)参照。
(10)『辺鄙以知吾』(同、下、二七四頁)。
(11)『霧海指南』(『禅門法語集』下、一四六頁)。
(12)註(1)参照。

二　武士道と慈悲

封建諸侯の間で慈悲の精神が守らるべきものであるとされたのと同様に、また一般武士の間でも、慈悲は不可欠な徳であると考えられていた。武士は武力によって世の中を支配し統治するのであるから、その精神は一見慈悲とは正反対のように見られ、また実際にそのように考えていた人々も古来少くなかった。しかし三河武士の出身であった禅僧・鈴木正三は、武士の守るべき徳として『慈悲正直の心』を挙げ、また反対の悪徳として『慳貪無慈悲の心』を挙げている。[1] そうして武士にとっても、『慈悲正直にして万民を度す』というのが『仏法修行』なのである。

また武士道の書として有名な『葉隠』を見ると、実は慈悲の精神が最初にかかげられている。

『一、大慈悲を起し人の為になるべき事。[2]』

ということが、四誓願の一つとされている。武士は、人に対するあたたかい思いやりを持ち、和を貴ぶものであらねばならぬ。『自他の思ひ深く、人を憎み、えせ中《なか》などするは、慈悲のすくなき故なり。一切悉く慈悲の門に括り込んでからは、あたり合ふことなきものなり。[3]』人を憎んではならぬ。『総べて人の上の悪事を憎まぬがよきなり。[4]』『すべて慈悲門に据り込み』人をかばい、また人に意見をせねばならぬ。[5]『人に意見をして疵を直すと云ふは大切の事、大慈悲、御奉公の第一にて候。[6]』

しかし近世においては一般に儒学が武士の指導精神とされたために、武士道に慈悲を生かそうとする主張は、次第に衰えたようである。

(1) 『万民徳用』(『禅門法語集』下、五二八頁)。これについては拙著『近世日本における批判的精神の一考察』一一七頁以下参照。

(2) 『葉隠』(和辻哲郎・古川哲史両氏校訂、岩波文庫本・上二一頁)。

（3）　同聞書第二（一二七頁）。
（4）　同第二（二四一頁）。
（5）　同第二（二三一頁）。
（6）　同第一（二八頁）。

三　権力の行使は慈悲と矛盾せざるや？

ところでここに問題が起る。政治のうちに慈悲の精神が生かされねばならぬとしても、現実の政治は必らず権力の行使ということをともなっている。命令に従わず法を乱すものがあれば、これを処罰しなければならぬ。処罰するということは、慈悲と矛盾することはないか、また武力行使に慈悲は妨げとなることはないか？

この問題に関して仏教では、一見無慈悲に思われるような権力の行使ということが、実は慈悲の精神にもとづくのであると考えていたようである。(1)

昔慧心僧都が或る日庭前で草を食っている鹿を、人をして打ち追わしめた。それについて或る人がかれに詰問した。『師慈悲なきに似《に》たり。草を惜みて畜生を悩ますか。』これに対して僧都は答えた、「そうではない。もしもわたしがこの鹿を打ったり追ったりしないならば、この鹿はついに人になれて、悪人に近づいたならば必らず殺されるであろう。この故に鹿を打ち追うのである」と。これについて道元は次のように批

かくのごとし。(2)』

評している。『これ鹿を打追ふは、慈悲なきに似たれども内心は慈悲の深き道理、

道元がここに指摘した原則は、また政治の一般に関しても適合するのである。

鈴木正三は仏教による政治を説いたが、これに対して或る僧が次のような疑問を表わした。——もしも仏教によって世の中を治めるのであるならば、死刑ということはありえない。しかし実際問題として、死刑を行わないならば、世の中を治めるということは困難となりはしないか、と。これに対して正三は、死刑ということも『慈悲を以てする也』という。その理由は、一つには、悪人を磔にかけると、世人がそれを見て悪人を戒める。これは『世の為めに善根を為す。』また第二にはその悪人自身が思い悔んで悪心をたち切るから、未来永劫の悪因を断ち切り、宗教的に救われることになる、というのである。(3)

潮音も同様に説いている。

『菩薩に慈悲の殺生と云ふことあり。一国一家に大悪人有りて、多くの人を迷惑さするときは、此悪人ころしても苦しからずと仏も許し玉ふ。悪人悪畜生を殺す時に、殺す人瞋恚の心一念なりともあつてころさば、皆罪業となるべし。殺しながらも慈悲の心を以て殺すときは、罪業あるべからず。悪人悪畜生は殺すと雖ども、自

業自滅の理也。』[4]

ただし以上の見解とは反対に、慈悲にもとづく殺生は、やはり悪であり、ただ人間のやむを得ぬ悪であると考える人もあった。例えば指月は『慈悲のために殺生するさへ、必ずかるきむくひをうく』[5]という。

インドの仏教徒は死刑を端的に否認していた。[6]また日本でも保元の乱以前の平安時代においては、死刑が行われなかった（盗賊をその場で殺すというようなことは、行われたであろうが、それは私刑にすぎず、裁判にもとづいた死刑とは区別さるべきである）。ところが近世の日本においては仏教者は死刑を承認していた。個々の場合ごとに仏教者が命乞いをしたというような事例は枚挙にいとまが無いほどであるが、しかし一般論として死刑を全面的に否認するというような運動は、近世日本では起らなかったようである。

以上のような考察にもとづいて、仏教の慈悲は武士道とは矛盾しないものであると、当時の仏教徒は考えていた。

或る人が無難禅師に向っていった。――「仏道と武道とは矛盾する。武士が仏道を信ずると、人間がやわらかになって、家風を失うことになる」と。

これに対してかれは答えた、

『すなほなる心にては天下国家よく治るべし。たとへば主君の命にかはり死すとも、大道たしかならば、直に生死をのがれ、心やすかるべし。乱世にてきみかた隔てぬるとき、じひ心深く正しき大将には、随者多かるべし。軍法にも天のたすけ失ふ事あるまじ。すなほにただしきは、直に天なり(7)。』

すなわち武士道のうちに慈悲が生かされなければならぬのである。

われわれの生きている相対の世界では、善は賞せられ、悪は罰せられる。極悪人は極悪非道のものとして処断される。しかしそれを超えた絶対の慈悲の境地、つまり仏の立場からは、悪さえもゆるされる。仏の慈悲には限りがない。そこで世俗の立場では罰せられるということと、宗教的には救われるということと両方は併存し、相即している。そうしてその慈悲のすがたは善の極限において考えられ、その意味において善悪の対立を超えているから、その境地から出て来る行為はおのずから善となるべきはずである。悪人をただ憎んで処罰するというだけなら、それは単なる復讎にすぎない。現実の問題として悪人を処罰せねばならぬが、処罰しつつも、その人に対する慈悲心をもって合掌するという気持から真の倫理性が出て来るのであろう。

(1) 慈悲心があるけれども刑罰を行うという思想は『大智度論』第三六巻（大正蔵、二五巻三二三頁中—下）に表明されている。

（2）『正法眼蔵随聞記』第六巻。
（3）『驢鞍橋』上、九九。
（4）『霧海指南』（『禅門法語集』下、一五一頁）。
（5）『誡殺生法語』（『禅門法語集』上、五一一頁）。
（6）前掲拙稿「仏教徒の政治思想」（宮本博士編『大乗仏教の成立史的研究』四一一頁以下）。
（7）『無難仮名法語』（『禅門法語集』上、三九三―三九四頁）。

結語

仏教書のうちに慈悲の精神の説かれている場合は非常に多い。見方によっては、仏教書全体が慈悲の精神を説いたものだと言い得るかもしれない。しかし有名な典籍のうちにも「慈悲」という語が殆んどあらわれて来ないこともある。わたくしは以上においては、主として「慈悲」ということばのあらわれている場合について考究したのである。したがってこれに関連して考究すべきことは非常に多いのであるが、それは他日にゆずることとする。

ここでは、ただ最後に要約として次のことを述べておきたい。簡単にいうならば、慈悲の実践はひとが自他不二の方向に向って行為的に動くことのうちに存する。それは個々の場合に自己をすてて他人を生かすことであるといってもよいであろう。もしも単に自己を否定するというだけであるならば、それは虚無主義とならざるを得ない。これは現代における有力な思想傾向となっているが、自他不二の倫理はそれの超克をめざすものである、と言ってよいであろう。それは個別的な場合に即して実現さるべきものであるが、しかも時間的・空間的限定を超えた永遠の意義をもって来る。それは宗教に基礎づけられた倫理的実践であるということができるであろう。

かかる実践は、けだし容易ならぬものであり、凡夫の望み得べくもないことであるかもしれない。しかしいかにたどたどしくとも、光りを求めて微々たる歩みを進めることは、人生に真のよろこびをもたらすものとなるであろう。

V

W

Y

ローマ字索引

ナ

ニ

ハ

ヒ

フ

索　引

1．術語・固有名詞，資料等の特に重要なもののみを選んだ。
2．配列順は五十音順，カタカナの語はその音の初めに，以下ひらがな，漢字の順。
3．原語はローマ字音の順で，後に別出。
4．ゴチは特に重要な箇所を，(　)は参照の意を示す。

KODANSHA

本書の原本は、一九五六年に平楽寺書店より刊行されました。なお、本書の記述中および引用部分に、今日から見れば不適切と思われる表現が用いられている箇所がありますが、著者が故人であることと歴史的・資料的価値を考慮し、原本のままとしました。

中村　元（なかむら　はじめ）

1912年，島根県松江市生まれ。東京帝国大学印度哲学梵文学科卒業。1954年から73年まで，東京大学教授を務めた。専攻はインド哲学・仏教学。文化勲章受章。1999年没。編著書に，『東洋人の思惟方法』『原始仏教』『龍樹』『佛教語大辞典』など多数。「中村元選集」32巻・別巻8巻がある。

講談社学術文庫

定価はカバーに表示してあります。

慈《じ》　悲《ひ》

中村《なかむら》　元《はじめ》

2010年11月10日　第1刷発行
2024年12月20日　第13刷発行

発行者　篠木和久
発行所　株式会社講談社
東京都文京区音羽 2-12-21 〒112-8001
電話　編集（03）5395-3512
販売（03）5395-5817
業務（03）5395-3615

装　幀　蟹江征治
印　刷　株式会社ＫＰＳプロダクツ
製　本　株式会社国宝社
本文データ制作　講談社デジタル製作

ISBN978-4-06-292022-3

「講談社学術文庫」の刊行に当たって

これは、学術をポケットに入れることをモットーとして生まれた文庫である。学術は少年の心を養い、成年の心を満たす。その学術がポケットにはいる形で、万人のものになることは、生涯教育をうたう現代の理想である。

こうした考え方は、学術を巨大な城のように見る世間の常識に反するかもしれない。また、一部の人たちからは、学術の権威をおとすものと非難されるかもしれない。しかし、それはいずれも学術の新しい在り方を解しないものといわざるをえない。

学術は、まず魔術への挑戦から始まった。やがて、いわゆる常識をつぎつぎに改めていった。学術の権威は、幾百年、幾千年にわたる、苦しい戦いの成果である。こうしてきずきあげられた城が、一見して近づきがたいものにうつるのは、そのためである。しかし、学術の権威を、その形の上だけで判断してはならない。その生成のあとをかえりみれば、その根は常に人々の生活の中にあった。学術が大きな力たりうるのはそのためであって、生活をはなれた学術は、どこにもない。

開かれた社会といわれる現代にとって、これはまったく自明である。生活と学術との間に、もし距離があるとすれば、何をおいてもこれを埋めねばならない。もしこの距離が形の上の迷信からきているとすれば、その迷信をうち破らねばならぬ。

学術文庫は、内外の迷信を打破し、学術のために新しい天地をひらく意図をもって生まれた。文庫という小さい形と、学術という壮大な城とが、完全に両立するためには、なおいくらかの時を必要とするであろう。しかし、学術をポケットにした社会が、人間の生活にとってより豊かな社会であることは、たしかである。そうした社会の実現のために、文庫の世界に新しいジャンルを加えることができれば幸いである。

一九七六年六月　　　　野間省一